Vivir*en*Paz
Morir*en*Paz

Diseño de portada: Editorial Sirio, S.A.
Maquetación de interior: Toñi F. Castellón

©   de la edición original
    2020, Suzanne Powell

©   de la presente edición
    EDITORIAL SIRIO, S.A.
    C/ Rosa de los Vientos, 64
    Pol. Ind. El Viso
    29006-Málaga
    España

www.editorialsirio.com
sirio@editorialsirio.com

I.S.B.N.: 978-84-18000-72-0
Depósito Legal: MA-856-2020

Impreso en Imagraf Impresores, S. A.
c/ Nabucco, 14 D - Pol. Alameda
29006 - Málaga

Impreso en España

Puedes seguirnos en Facebook, Twitter, YouTube e Instagram.

SUZANNE POWELL

Vivir *en* Paz
Morir *en* Paz

EDITORIAL SIRIO

Dedico este libro a mis queridos amigos Emilio y Carmen de Tenerife, con quienes comparto una preciosa amistad, con un gran sentimiento de familia terrenal y cósmica.

Estos nueve años han pasado rápido, pero mi profundo deseo es que sigamos juntos por mucho tiempo en el camino del amor incondicional, cultivando conciencia y esperanza a través de nuestro compromiso de servicio con amor a la humanidad.

ÍNDICE

AGRADECIMIENTOS

A Patricia Zapico, compañera zen, asistente personal y grandísima amiga por su labor desinteresada y amorosa de transcripción de la mayor parte de los contenidos de este libro.

A mis padres por darme la oportunidad de vivir la experiencia de esta vida física. Hoy, día 16 de mayo de 2020, siguen con vida. Puedo seguir disfrutando de ellos, aunque solo sea por videollamada dadas las circunstancias del confinamiento motivado por el COVID-19. Pero cuando se marchen estaré en paz y feliz por su nuevo camino. Me siento muy orgullosa de ser su hija y estoy profunda y eternamente agradecida por todo su amor incondicional.

A mi hija Joanna por acompañarme en la experiencia de ser madre durante estos últimos dieciocho años, la tarea más difícil y más gratificante por todo lo aprendido y superado. La animo a escribir su propio libro.

PRÓLOGO

El día que supe que la muerte no existía tal y como la conocemos, comprendí que se trataba del mejor y mayor secreto guardado del mundo.

Mi vida cambió y las ganas de vivirla también. Cuando te enfrentas a la muerte, te abres a la vida y a lo que significa recorrer un camino que no acaba al dejar de respirar. La magnitud de la existencia se muestra ante ti y tus capacidades de mejorar esa existencia también.

Descubres aspectos nunca imaginables y renaces en memorias antes olvidadas.

Cuando conocí a Suzanne yo estaba en fase de pleno despertar.

Su serenidad, confianza absoluta y su compasión por los demás me impulsaron a un camino que se abría ante mí lleno de aprendizaje y nuevos descubrimientos.

Mi fortalecimiento como persona y mi perfeccionamiento como médico se fueron afianzando al incorporar a mi vida la meditación diaria y la aplicación del toque zen.

Las certezas cada vez fueron mayores hasta que confirmé lo sospechado, lo intuido y todo lo aprendido cuando mi pareja falleció.

En ese momento Suzanne me tendió la mano y yo la tomé para no caerme.

Tuve que silenciarme y el silencio se transformó en años de recorrido de senderos diferentes, senderos que la vida ha vuelto a unir en un camino único y común de lucha por la verdad y por el despertar de la conciencia.

Gracias Suzanne por abrir caminos.

Gracias Suzanne porque tu Luz haya avivado mi Luz...

22 de mayo de 2020
Natalia Prego Cancelo
Médico de familia
Autora del libro *Aceptando el reto de sanar*

INTRODUCCIÓN

Las palabras *morir* y *muerte* automáticamente suelen causar un impacto de tristeza, misterio, miedo, pérdida, impotencia o angustia. Sin embargo, como todos sabemos, morir es ley de vida. Es lo único que tenemos claro en nuestra existencia terrenal. Algún día dejaremos el cuerpo físico para convertirnos en polvo.

Lo único que debe ocupar nuestra mente al respecto es cómo va a ser ese momento, y el mayor deseo de cada uno es morir en paz, durmiendo o despidiéndose rodeado de las personas a las que ama, sin experimentar sufrimiento físico. Para lograr eso, es preciso prepararse a lo largo de la vida cultivando una vibración de paz interior, a pesar de las circunstancias que se presentan en el proceso de vivir en un mundo lleno de desafíos y conflictos salpicados de momentos de felicidad.

Entender la vida como un continuo viaje de aprendizajes en el que buscamos el equilibrio en el día a día, sabiendo que otros que han elegido compartir el mismo camino están haciendo exactamente lo mismo. Tratando cada uno de hacerlo lo mejor posible según su nivel de conciencia. De ahí comprendemos que todo se limita a pura adaptación y armonización de los unos con los otros para que el conjunto alcance la mejor evolución posible y en beneficio de todos.

Obviamente, nadie dijo que fuera fácil. Según tu vibración en vida, así será tu vibración al partir de este plano. Lo importante es entregarse en cuerpo y alma para hacerlo lo mejor que puedes y sabes en cada momento, y cultivar esa paz de espíritu, para que cuando llegue tu hora puedas decir: «Lo he hecho lo mejor que he podido y he aprovechado al máximo esta oportunidad de vivir una experiencia física siendo un ser espiritual». La clave para lograr esa paz es tener siempre presente la fórmula PERDONAR, OLVIDAR y ACEPTAR. Claramente, la idea es aplicarla primero a uno mismo y luego a los demás.

El objetivo de este libro es aportar esa paz y las herramientas necesarias para recorrer de forma consciente ese camino hacia la muerte. Los conocimientos aportados se basan en mi propia experiencia física y en la sabiduría acumulada a lo largo de mi proceso de búsqueda interior. Incluyo los audios transcritos en dos días de conexión intensa, durante el tiempo de confinamiento global motivado por el COVID-19 (exactamente, los días 23 de abril y 5 de mayo de 2020). El resto del contenido está extraído de conferencias que di años atrás en congresos relacionados con la muerte y la conciencia.

El mensaje más importante que quiero transmitir a los que estáis a punto de iros de este mundo, y por si acaso no llegáis a terminar de leer el libro completo, es el siguiente: cuando exhales por última vez e inicies tu camino hacia la Luz, NO MIRES ATRÁS; MIRA SIEMPRE HACIA DELANTE. Serás guiado en cada instante y sentirás una inmensa felicidad y un AMOR que te envolverá para llevarte de vuelta a casa, donde te unirás de nuevo con los tuyos. No tengas miedo y déjate llevar. Has nacido para morir, pero la huella que dejas en el corazón de los que se quedan es la que se imprime en el libro de tu vida eterna. A partir de la llegada a tu destino, empezará un nuevo capítulo. Disfruta del viaje.

AUDIOS DEL DÍA
23 DE ABRIL DE 2020

Hoy es jueves, 23 de abril de 2020, el día de Sant Jordi en Cataluña, que se celebra como el día del libro y la rosa. Siendo escritora, supongo que el día del libro debería tener una importancia especial para mí, y más todavía si además es el día de la rosa, ya que es la flor que más me gusta. Más allá de su simbolismo, tiene un significado especial para mí, pues me une a la que fue una de las personas más importantes de mi existencia, mi maestro y quien mejor me comprendió en esta vida. Antes de su muerte, me dijo: «Aunque yo no esté aquí, te haré llegar rosas rojas y rosas blancas para que sepas que siempre estaré a tu lado». Curiosamente, en prácticamente todos los cursos zen de una manera u otra siempre me ha llegado esa rosa, ya sea como flor natural o artificial (hecha de tela o papel, o dibujada...). Y en todos los casos, en el momento en que la he recibido he sentido su presencia.

La rosa también simboliza el amor, el amor eterno. Recuerdo la vez en que me dijo: «Cuando yo ya no esté aquí, cuando te llegue el amor verdadero, será con una rosa. Si alguien te entrega una rosa como símbolo de su amor, tiene que tener espinas; si no tiene espinas como la vida misma, significa que esa persona no es a la que corresponde estar como pareja en tu vida». Ahí me dejó el dato, para que estuviese atenta a ese pequeño detalle. En el día de hoy, en Cataluña, los hombres regalan rosas a la novia, a la mujer, a la madre, a personas a las que aman de verdad. De hecho, se ha convertido en una fiesta bastante comercial. Y yo me pregunto cuántas de esas rosas tendrán espinas.

Además, coincide con que este 23 de abril estamos en el día cuarenta de la cuarentena del confinamiento; y, por definición, cuarentena hace referencia a cuarenta días. Llevo estos treinta y nueve días, hasta el día de hoy cuando son casi las once de la mañana, pensando: «¿Por qué no aprovecho para escribir un libro? Estoy confinada en casa con mi hija de dieciocho años, y tengo todo el tiempo del mundo». De hecho, necesitaba ese tiempo para empezar a escribir una nueva obra. De manera que hablé con mi editorial para poner en marcha este proyecto.

Sabía que tenía que escribir sobre la muerte, pero de alguna manera sentía que no era el momento. Porque mis ocho libros anteriores surgieron prácticamente de la nada, por inspiración, a partir de sentirlo. Me limité a encajar las piezas de las circunstancias de mi vida, sentir una llamada y los libros fueron «cayendo solos», por su propio peso, sin proponérmelo, sin hacer más que simplemente sentirlo. Esto no estaba ocurriendo en esta ocasión; en estos días de cuarentena, en ningún momento he sentido esa llamada, hasta hoy. Y no porque sea el día del libro; de hecho, esta pieza ha encajado *a posteriori*. En realidad, es casi mágico, que en el día cuarenta de la cuarentena sienta que acaba una etapa y empieza otra.

Hoy mismo, una amiga me ha enviado por *Whatsapp* un listado de películas. He repasado los títulos y me he dado cuenta de que he visto la mayoría; entonces he ido directamente al final de la lista y he clicado, al azar, en uno de los enlaces. Me ha salido el típico mensaje de YouTube de que ese contenido no estaba disponible; entonces he hecho clic en el enlace inmediatamente anterior, y esta vez sí que se ha abierto el vídeo. El título, *Salvado por la luz*, me ha gustado. Además, he visto el nombre de Raymond Moody al principio, y mi corazón ha dado un brinco; para mí, ha sido como una señal.

Conocí a Raymond Moody, autor de *La vida después de la vida*, en un congreso en Punta Cana (República Dominicana), hace años, ocasión en que pude estar con él. Anteriormente, había estado cerca de él en un congreso que se había celebrado en España, pero no pudimos hablar: conseguí que me firmase su libro, un viejo ejemplar en inglés que yo tenía, bastante gastado; pero fue un favor que le pedí a alguien de la organización, por lo que no coincidimos personalmente.

Ha sido mientras he estado viendo esta película, que acabo de terminar hace unos minutos, que he sentido que ha llegado el momento de que empiece a escribir mi libro sobre la muerte.

El título, *Vivir en paz, morir en paz*, lo había pensado hace ya muchos meses. Pero había ido posponiendo la escritura a causa de mis muchas actividades y de mis tareas como madre. He estado muy ocupada con los cursos zen, mis viajes y la organización del equipo de colaboradores que viaja conmigo y que me apoya en nuestra Fundación Zen, Servicio con Amor. Además, y no menos importante, pensaba que para plasmar los contenidos con la debida conciencia y el oportuno sentimiento, quizás lo mejor era que empezase a escribir a partir de la muerte de un familiar mío.

En este momento, tengo a mis padres confinados solos en su casa. Tienen ochenta y dos años y su estado de salud es frágil. Mi madre tiene demencia, cáncer de pulmón, problemas relacionados con enfermedades autoinmunes, y una movilidad reducida. Mi padre conserva la mente muy lúcida, pero tiene problemas de movilidad a causa del estado de sus piernas y su espalda; y se añade a sus dificultades el hecho de que su esposa no le reconoce como pareja.

Me entristece no poder estar con ellos y acompañarlos. Durante esta cuarentena, los servicios sociales se acercan para darles su medicación y bañarlos; y mis hermanos hacen lo que pueden, según lo que está permitido por la ley en estos momentos de aislamiento. La distancia y el hecho de no poder desplazarme hasta ellos me ha hecho reflexionar: ¿y si se muere alguno de los dos y no puedo estar ahí? ¿Y si no puedo ir a su funeral? ¿Y si no puedo darles ese beso de adiós? Me emociono al pensar que quizá no los vuelva a ver.

Entonces he llegado a la conclusión de que para escribir este libro quizá no hace falta que viva la experiencia de esa despedida, de ese último beso, de su muerte, de su funeral. Ahora que todavía los tengo con vida, tal vez sea el momento, aunque sea por videollamada, de seguir diciéndoles: gracias por haberme traído a este mundo. Gracias por ser mis padres.

Gracias por haberme educado y criado como mejor habéis sabido. Gracias por perdonarme todos mis errores. Gracias por vuestra paciencia. Gracias por vuestra tolerancia. Gracias por todo vuestro amor incondicional. Gracias por tantos esfuerzos. Gracias por estar ahí para escucharme. Gracias por las horas que habéis pasado conmigo ayudándome con mis estudios y por haber soportado nuestras peleas entre hermanos. Gracias por darnos lo mejor que hemos tenido, que ha sido una familia unida, nutrida desde el amor. Gracias por tantos recuerdos; por esas poquitas vacaciones que hemos podido disfrutar juntos como familia, debido a una escasa economía.

Gracias por toda la entrega de mi madre, que pasó años encerrada cuidando del hogar, como ama de casa y madre de cuatro hijos, en medio de muchas dificultades, y habiendo dejado su exitosa vida en Londres con un fantástico empleo en un banco, para casarse por amor con mi padre e irse a vivir a un pueblo irlandés de veinte mil habitantes. Mi padre era seminarista, porque quería ser cura y trabajaba temporalmente en una fábrica para ganar dinero y pagarse el seminario. Por una de esas *causalidades* de la vida, un amigo le presentó a mi madre y saltaron las chispas del amor.

La economía era tan escasa que mi padre escribía a mi madre sobre papel higiénico; era un papel duro, mate por un lado y brillante por el otro. Era lo único de lo que disponía para escribirle cartas de amor y poemas desde la distancia, para mantener encendida la llama de su corazón.

Me imagino esas circunstancias... Quizá yo sea una romántica de la vieja escuela. Me encanta dejar volar mi imaginación recreando la llegada de esas cartas al buzón de mi madre y ella leyendo con tanta ilusión las palabras románticas que transmitía mi padre sobre el papel higiénico.

Mi madre era protestante y se introdujo en una familia de creencias católicas muy estrictas. Eran los tiempos de la Guerra Fría, muy conflictivos en el terreno político. Tuvo muchas dificultades para encajar en la sociedad irlandesa y para ser aceptada por la familia de su marido; con este fin, y también porque así lo sentía, adoptó la costumbre de ir a misa. Sin embargo, le incomodaba escuchar las homilías en las que se hablaba mal de Inglaterra. Finalmente, decidió dejar de asistir, y limitarse a cuidar de su familia como buena esposa y amorosa madre. Fue una mujer muy valiente y siento que aún lo es, a pesar de su demencia.

Con el tiempo, por ser tan maravillosa como es, mi madre fue aceptada por toda la familia de mi padre y por los vecinos; se ganó el corazón de todo el mundo. Ha sido una mujer extraordinaria, siempre conciliadora, siempre apoyando, siempre a punto para echar una mano, siempre dispuesta a escuchar los problemas de los demás y ofrecer sus sabios consejos. Incluso se apuntó como voluntaria en el teléfono de la esperanza, donde iba a pasar una noche cada semana, sacrificando su propio sueño, para estar al otro lado del teléfono escuchando a personas que quizá tenían la intención de suicidarse. Hasta en eso la admiro. Y luego, al día siguiente, sin haber dormido, reanudaba las tareas del hogar. Siempre pienso en lo difícil que era la supervivencia en aquella época; por ejemplo, aún no había lavadoras en las casas. Además, en Irlanda las familias siempre han sido muy numerosas. Mi madre fue, y sigue siendo en el momento de escribir estas líneas, una luchadora y una gran superviviente. Realmente, la considero una mujer digna de admiración.

En mi familia, siempre hemos dicho que mi madre ha sido como Mary Poppins: una mujer de ojos azules, rubia, sonriente y guapísima; alguien de una belleza extraordinaria; una conquistadora. Su única desventaja en el pueblo era su acento londinense correctísimo, asociado a una clase social alta. Y en un pueblo como Newry, en Irlanda del Norte, en aquellos tiempos tener ese acento no iba exactamente a tu favor. El Ejército inglés estaba por todas las esquinas, con sus furgonetas y sus tanques. En el pueblo vivimos siempre en medio de una gran tensión hasta que llegó el alto el fuego. Si tenías acento inglés, lo peor que podías hacer en los comercios era abrir la boca. Mi madre se había ganado el respeto, el cariño y la admiración de quienes atendían las tiendas que frecuentábamos, por lo que no tenía problemas en esos lugares; otra cosa era si entraba a comprar en sitios en los que no la conocían o si debía tratar con desconocidos.

En cuanto a mi padre, se hizo profesor de secundaria y fue un profesional maravilloso, respetado y admirado por sus alumnos, algunos de los cuales, aún hoy, le escriben en Facebook. Es una persona muy conocida en el pueblo, y para mí ha sido siempre un icono; quería ser como él. Era profesor a todas horas, también en casa: nos inculcó, a los hijos, una disciplina fuerte y severa para hacer de nosotros buenas personas y buenos ciudadanos; y se esforzó por darnos lo mejor o, al menos, lo que él sentía que era lo mejor para nosotros. Las palabras suyas que más me marcaron fueron estas: «Sé lo que quieras en esta vida, pero no seas profesora». Él tenía muchas esperanzas de que yo pudiese hacer lo que él no hizo: quería que fuese médica, veterinaria, dentista...; en definitiva, que tuviese una profesión de las que se consideran, a su modo de ver, «importantes». Sus expectativas eran muy altas, pero cada uno ha venido a este mundo a hacer lo que tiene que hacer, y es el corazón el que lo dicta. Por lo tanto, si bien yo, por una parte, quería estar a la altura de esas expectativas, por otra, sabía que tenía que seguir mi propio camino y ser feliz. No podía limitarme a vivir para cumplir los deseos de mis padres y hacerles felices de esta manera. Quizá por eso, a los veinte años, yo ya tenía las miras puestas en otros horizontes, lejos del pueblo.

En cualquier caso, mi padre amplió mucho mi visión del mundo con sus historias. ¡Cuánto hemos compartido en las caminatas por el bosque en las que paseábamos a todos los perros que hemos tenido en la familia! Siempre ha tenido un sentido del humor muy agudo, jugando con las palabras con gran agilidad mental. También le encantaba usar palabras sofisticadas, y hacernos pensar; nos desafiaba con este fin. Recuerdo a mi padre sentado con el periódico y los crucigramas; nos reunía a su alrededor y nos retaba para resolverlos. Había dos versiones de crucigramas, los simples y los complicados. Él nos incitaba a pensar.

Me encantaba ir a ver las obras musicales que mi padre producía en la escuela de secundaria en la que fue profesor la mayor parte de su vida; tenía un gran ingenio y talento como productor. No tenía ningún reparo en elegir grandes títulos, como por ejemplo

Oliver Twist o *Sonrisas y lágrimas*. Era admirable su talento y dedicación para poner en escena estas obras, sin escatimar esfuerzos e incluso aportando su tiempo libre. Recuerdo las caras felices de los padres, profesores y la gente del pueblo y alrededores que acudían a verlas. No tengo la menor duda de que las mejores obras de teatro y musicales que he visto en el pueblo han sido producidas por él. La impronta que me dejó mi padre como profesor y productor fue muy grande, y la evidencia de ello es que, ya en España, acabé trabajando como profesora de inglés, música y teatro. En aquel entonces, la enseñanza primaria era conocida como EGB, y la secundaria estaba constituida por el BUP y el COU; fui profesora en ambos ciclos y tuve la oportunidad de poner en práctica mucho de lo que había observado y admirado en mi padre.

Ha dejado una gran huella, una huella que ahora yo sigo para hacer mi obra en este mundo, gracias a lo que he observado y vivido en mi niñez y juventud a través de la unidad familiar. Por esta razón, quiero expresar desde estas páginas todo mi reconocimiento hacia ambos. A mi madre, que ha sido una persona muy caritativa, bondadosa, conciliadora, pacífica y tranquila, capaz de decir siempre las palabras perfectas para calmar el corazón y la mente de los demás; y hacia mi padre, que ha sido un gran luchador que siempre trajo a la familia lo que necesitaba para comer, a veces en cantidades muy justas, y que supo mantenernos unidos a pesar de las grandes adversidades que vivimos en aquellos tiempos. Los dos han dejado una gran huella en mí.

A menudo nos puede pasar que no valoremos realmente lo que nuestros padres hicieron por nosotros, hasta que nos convertimos en padres. No valoramos su trabajo, su esfuerzo, su entrega, su amor incondicional, hasta que lo experimentamos de primera mano. Como madre, intento dar lo mejor de mí a mi hija para que algún día sea una buena ciudadana y una buena madre que dé lo mejor de sí a sus hijos; y aunque ahora no lo comprenda, confío en que un día se dé cuenta de que todo lo que he hecho por ella, lo he hecho desde el amor incondicional. Espero que un día sepa que todo lo que le he dado y transmitido ha salido de mi conciencia, de mi mejor sentir, a pesar de las adversidades y las circunstancias. También espero que me perdone todos mis errores debidos a mis momentos de inconsciencia, frustración e ignorancia, así como por haber elegido vivir nuestra experiencia como madre e hija sin que haya tenido un padre que le hubiese podido responder cuando yo no he sabido hacerlo. En cualquier caso, si las dos hicimos el pacto de vivir juntas y solas estos dieciocho años, es porque ambas teníamos algo que aprender de esta vivencia como madre e hija, hija y madre.

Hace veinte o veinticinco años, estaba de viaje con mi maestro en Argentina y tuve un sueño en el que me encontraba en un cuarto con él y con dos compañeras. Nos abrió un «baúl del tesoro», el típico que se suele encontrar en los barcos naufragados de piratas, lleno de joyas y monedas. Y nos dijo a las tres: «Elegid, elegid vuestro tesoro, lo que queráis». Vi cómo, inmediatamente, las otras dos mujeres metían las manos en el cofre y se probaban anillos, coronas, cadenas, colgantes, etc., sintiéndose muy felices, como princesas. Yo, observándolas desde cierta distancia, sacudía la cabeza pensando que aquello no me hacía feliz, que no era un verdadero tesoro para mí, que no quería ni necesitaba nada de todo eso.

Así se lo comenté a mi maestro, y acto seguido sacó un pequeño álbum de fotos, en el que solo cabía una foto por página. Fue pasando cada página, y desde la primera hasta la última mostraban fotografías de mis amores, mis novios, mis amados; deteniéndose sobre cada una, me decía: «Si te hubieses quedado con ese, te habría pasado tal o cual cosa». Y veía imágenes de escenas maravillosas, pero también de situaciones horrorosas; incluso vi que uno de esos hombres me habría matado. De hecho, hasta que no terminé de ver todo el álbum no recordé que había tenido tantos amoríos en mi vida.

Finalmente, en la última página había una foto en la que estaba yo sola embarazada de muchos meses; me quedé mirándola y le pregunté al maestro:

—¿Y eso?

Y me respondió:

—Ese es tu tesoro.

Pero me veía sola, sin un compañero a mi lado que fuese a acompañarme en todo el trayecto que tendría por delante como madre de ese bebé. Hasta que no pasó mucho tiempo no lo comprendí, pero en ese sueño él me respondió: «Para que veas que siempre he estado contigo, siempre he estado a tu lado, siempre te he cuidado y te he protegido».

Por lo tanto, mi tesoro era tener a mi hija... Cuando nació, él me dijo: «Cuando yo ya no esté, nunca más vas a estar sola, porque tienes a Joanna. Nunca más vas a estar sola, pero yo siempre voy a estar contigo; siempre te amaré, más allá de esta vida, más allá del tiempo y del espacio, y siempre te haré saber que estoy a tu lado».

Entonces hoy, el día de Sant Jordi, el día del libro y de la rosa, es aquel en el que tengo una revolución en mi corazón que me inspira a iniciar este libro, el cual tenía proyectado pero aparcado pensando que iba a empezarlo a partir de la muerte de uno de mis padres. Así que voy a intentar aprovechar este sentimiento para imprimirlo en la obra, pues sé que quizás ahora es el momento exacto de compartirlo

El protagonista de *Salvado por la luz*, hacia el final de la película, cuando finalmente ha entendido cuál es su trabajo, la razón por la que ha vuelto a la vida, tiene esta conversación con un amigo justo antes de entrar en una casa para ayudar a una persona a irse:

—¿Qué vienes a hacer aquí exactamente?

—Los ayudo en los últimos cinco minutos. Cuando llega el fin, todo el mundo quiere cinco minutos más; quieren decir cosas que nunca dijeron, quieren sentir cariño una vez más. Yo les doy esos cinco minutos; luego, los dejo ir. ¿Sientes el olor?

—Sí. Huele a… muerte.

—No… Es miedo, el miedo a la muerte. Cuando haga mi trabajo, notarás el olor a rosas.

Siento que, a través de este libro, también tengo que ayudar a las personas a irse en paz. Cuando vayan a morir, tienen que saber que no hay nada que temer, ya que lo que les espera es su hogar en el cielo; volverán a casa. El miedo solo es causado por la propia ignorancia. A la vez, debemos saber que cuando muramos no estaremos solos, pues tenemos derecho a estar acompañados en ese tránsito de vuelta a casa.

Creo que muchas personas han sentido ese olor a rosas u otra flor al recordar con mucho amor a un ser querido fallecido. Por ejemplo, esa abuelita, que utilizaba un perfume de lavanda que asocian con su presencia. Creo que ese olor, ese perfume, esa fragancia, esa belleza es algo que nos transporta como seres humanos.

¡Cuánto simbolismo hay detrás de una rosa o un ramo de rosas! Me maravillo con su textura, su perfección, los colores... Cuando veo una rosa en toda su perfección en un rosal, no me entran ganas de cortarla y apartarla así de su estado natural; sin embargo, cuando alguien me entrega una rosa o un ramo de rosas, siento la ilusión que hay detrás de ese regalo, vinculado al simbolismo de esta flor, y siempre las pongo en mi altar.

Tengo una querida compañera de la enseñanza zen, Maite, que cuando nos preparábamos para impartir un curso siempre me ponía rosas en el escenario, sin que yo lo supiese. Finalmente, descubrí su secreto. Ella sabía lo importantes que eran las rosas para mí para transmitir la enseñanza y canalizar las lecciones del maestro o de quienes querían hablar a través de mí durante esas dos horas de clase. Así que gracias, Maite, por todas tus atenciones. Siempre con tu humildad, tu sonrisa y tu cara de pillina te encogías de hombros y decías: «Bueno, no es nada; para ti, cariño, con todo mi amor».

El gran mensaje de la película *Salvado por la luz* es que, como seres humanos, somos seres espirituales poderosos, y que lo más importante en esta vida es el amor, sea como sea, y la importancia de despertar al ser humano al amor, porque solo el amor puede cambiar todo.

En el momento de escribir estas líneas, llevamos cuarenta días encerrados en casa confinados, en España, con nuestros familiares. Puede ser una experiencia maravillosa, pero también puede ser que destruya relaciones, ante la frustración, ante el no saber, ante la impotencia, ante la pobreza, y ante la falta de luz natural, de sol, de aire fresco, de contacto con la naturaleza.

¿Cuántos de nosotros estamos en este momento deseando pasear por un parque, sentir la brisa de la primavera, ver a los niños jugar juntos disfrutando con sus inocentes juegos? ¿Cuántos padres querrían ver brincar y saltar a sus hijos y oírles decir «¡Mamá, mira lo que hago!», «¡Papá, ven a jugar conmigo!»? O tal vez esperemos disfrutar de ver cómo corretean nuestras mascotas... De hecho, hoy en día parece que los perros tienen más derechos que los niños; los perros pueden salir con su amo a pasear, pero los niños, encerrados en casa, no tienen este derecho. Espero que a partir de hoy impere el sentido común y los dejen salir porque lo que necesitan es jugar y disfrutar con sus amigos al aire libre. Un niño desarrolla inmunidad a partir de jugar, saltar, moverse, reírse, y, sobre todo, a partir de hacer ejercicio en la naturaleza. ¿Cuántos padres darían lo que fuera para poder disfrutar con sus hijos al aire libre? ¿Cuántos dejarían la corbata, el traje y el ordenador ahora mismo para salir a disfrutar de su familia en un entorno natural? Hasta el confinamiento teníamos esta posibilidad y ahora no la tenemos; no contamos con esta libertad.

Estamos todos y cada uno buscando su paz. Los adolescentes, alborotados, tienen más energía que nadie y necesitan estar en contacto con los suyos, con la gente de su edad. Necesitan su vida social, su espacio, su libertad; no pueden estar encerrados en casa veinticuatro horas al día detrás de las pantallas, que constituyen su única forma de comunicarse con la vida exterior. Es antinatural, es antivida.

Por otra parte, están todos esos ancianos encerrados en su casa, tal vez solos y necesitados del contacto físico y el cariño de sus familiares, que ahora no pueden recibir. ¿Cuántas de estas personas lamentablemente terminan muriendo en soledad?

En estos días de confinamiento, creo que estamos valorando las cosas sencillas de la vida que antes dábamos por sentadas. Valoramos realmente las cosas cuando dejamos de tenerlas. Quizá, al menos esta es mi esperanza, cuando se termine el confinamiento seremos diferentes: sabremos valorar más que nunca una sonrisa, un apretón de manos, un abrazo eterno, una mirada eterna; sabremos decir mejor «te quiero», pero un «te quiero» de verdad, habiendo sido privados del derecho y el privilegio de estar en contacto con nuestros familiares y amigos queridos. Ahora es cuando quizás lo vamos a valorar más que nunca. Yo, al menos, sé que en cuanto pueda estrujar a mi familia lo haré con toda el alma; por muchas diferencias que pueda haber entre mis hermanos, por mucho tiempo que hayamos estado sin vernos, sé que les podré decir: «Te he echado de menos; eres mi hermana, eres mi hermano, eres mi padre, eres mi madre».

Hemos venido a este mundo habiendo pactado, antes de nacer, dar lo mejor de nosotros, buscar lo que más nos une y no lo que más nos separa. Hemos venido a cumplir el propósito de vivir la experiencia de ser una familia terrenal aun sabiendo que nuestros lazos vienen del más allá, que arrastramos karmas de otras vidas, que debemos saldar cuentas pendientes. Sé y comprendo que todo pasa por algo.

Tengo unas ganas locas de ver a mis amigas del alma, de mirarlas a los ojos, abrazarlas y oír esas risas tontas que compartíamos en las comidas, las cenas, los paseos, los viajes. Y también tengo ganas de ver a esos amigos queridos, esos compañeros de la enseñanza voluntarios que han estado siempre ahí dando su cariño, ayudándome y apoyándome en todo el trabajo que implica sacar adelante una misión que siento que es lo que más feliz me hace en esta vida: la misión de dar esperanza y felicidad a los demás. Sé que no puedo hacer esto yo sola, y por eso los amigos del alma, que comprenden mi trabajo, se brindan de forma incondicional para que pueda llevarlo a cabo. Mi trabajo no es ni más ni menos importante que el de todos; cada uno tiene una parte del puzle, y es cuando se juntan todas las piezas cuando se ve el resultado final: el despertar de la conciencia, ser uno todos juntos, ser una gran familia aquí en la Tierra, que se ame y respete desde el amor incondicional, disfrutando de la diversidad.

Somos casi ocho mil millones de personalidades diferentes, compartiendo como una sola familia, llamada humanidad. ¡Cuántas lecciones hemos recibido a lo largo de las eras buscándonos los unos a los otros, perdiéndonos en el camino y reencontrándonos de nuevo! En esos reencuentros le decimos a la otra persona, cuando la tenemos delante: «Tu cara me suena, y no sé de qué». Y cuando perdemos a alguien querido, porque ha muerto o porque se ha ido a vivir a otro lugar, lo echamos de menos.

Actualmente, a cada uno le toca buscar su paz; tenemos que aprender a vivir con estas nuevas circunstancias.

Vivir en paz y morir en paz... Yo me pregunto: ¿cuántas personas en este mundo, en estos momentos, en estas circunstancias, tienen realmente paz? ¿U ocurre que sienten más incertidumbre que paz? Siempre he dicho que las circunstancias no tienen importancia, sino lo que tú eres en ellas. Y a mí, como a todo el mundo, me toca reinventarme. Llevo cuarenta días rechazando entrevistas, participar en congresos *online*, hacer declaraciones. Muchas personas, en la búsqueda de su paz, me han estado pidiendo que diga unas palabras, que manifieste mi opinión sobre lo que está ocurriendo. Pero si yo misma he estado y estoy buscando mi propia paz y el sentido que tiene todo esto, ¿quién soy yo para decirles a los demás qué es lo que es correcto hacer en estos momentos? Cuando cada uno está viviendo sus propias inseguridades y batallas, ¿quién soy yo para decir qué es lo que hay que hacer?

Yo en mi propia casa estoy buscando mi paz. Esta situación también es nueva para mí, como lo es para mi hija. No estamos acostumbradas a pasar tantos días juntas, sin perdernos de vista ni un solo segundo. Ella, con sus dieciocho años, está experimentando sus frustraciones; y yo, que estoy acostumbrada a viajar por el mundo libre como un pajarito, haciendo lo que me encanta, también me encuentro encerrada en casa. Entonces, yo estoy aprendiendo como una más. Durante este tiempo he elegido estar conmigo misma; incluso he optado por encerrarme bajo llave en mi propia habitación, durante muchas horas al día, para meditar, para recitar mantras, para reflexionar, para pensar... buscando incluso la inspiración para escribir un libro, que no ha llegado hasta este momento. Hoy he decidido salir de mi cueva y hablar conmigo misma, dado que en estos últimos días también mi hija ha experimentado un gran cambio.

Creo que ha tocado fondo; creo que ha llegado un momento en que ha pensado «basta ya de peleas, basta ya de gritos, basta ya de portazos, basta ya de frustración», y ha empezado a abrazarme, a decirme cuánto me quiere, a colmarme de besos y abrazos, a jugar, a buscar conversación, a pedirme que le cuente cosas de mí y de mi vida, a decirme que le recuerde cosas de su vida. Conservamos microcasetes de aquellos tiempos en que filmábamos las cosas con una Handycam, y hemos repasado juntas muchas escenas de cuando ella era pequeñita; de cuando tenía un año, dos, tres... Ha podido ver cuánto tiempo he invertido en darle todo mi cariño; cuántas horas dediqué a llevarla a parques, al zoo, al acuario, a parques de atracciones; cuánto tiempo jugué con ella en el exterior, y también en casa con juguetes, solas o invitando a amigos; y ha visto lo bien que lo pasábamos cantando, canturreando... Incluso se ha emocionado al ver lo mucho que la ha amado su madre en esos dieciocho años.

Todos sabemos que cuando llega la adolescencia los hijos se vuelven muy egoístas, exigentes y desafiantes; en esa época parece que todo lo que les has dado durante todos los años de su infancia y primera adolescencia se ha esfumado sin más. Es un período de gran aprendizaje y frustración. Pero como bien sabemos, todo pasa, todo pasa. Entonces, quizá todo cambie a partir del final de este confinamiento y podamos vivir una nueva etapa.

Muchas veces le he contado a Joanna cómo eran las cosas cuando yo era pequeña y cómo era mi vida en familia. Por supuesto, los adolescentes actuales tienen unas vivencias muy diferentes de las que tuvimos sus padres; los contextos no se pueden comparar. El caso es que los *zillennials* tienen una visión de las cosas diferente de la que tenemos los mayores. Ellos son los que tienen que cambiar este mundo; han venido con mucha resistencia al sistema actual y van a utilizar su gran fuerza para cambiarlo.

En estos tiempos el viejo mundo está muriendo (el que hemos conocido hasta ahora) y lo tenemos que soltar; tenemos que permitir que se vaya, por nuestro beneficio y el de toda la humanidad. Tenemos que eliminar la resistencia al cambio y practicar el desapego.

Si alguien que forma parte de nuestra vida decide que se tiene que ir, hay que dejar que se vaya; vendrán los que tienen que unirse a nosotros. Y así como tenemos que estar dispuestos a soltar a los demás, cuando sea nuestro momento de irnos, también tenemos que saber hacerlo en paz. Por lo tanto, el desapego es una lección muy importante para estos tiempos. En muchos casos, las circunstancias mismas imponen el desapego, también en el aspecto económico, pues hay una gran cantidad de personas que han perdido su empleo, de forma temporal o permanente, y no reciben ingresos.

¿Cuántos cambios vamos a ver y vivir a partir de ahora? Hoy, 23 de abril de 2020, significa para mí el inicio de una nueva etapa en mi vida. Lo sé y así lo siento en mi alma, porque *yo* voy a ser diferente, *yo* elijo ese cambio, *yo* elijo ser yo a pesar de las circunstancias, *yo* elijo en este momento plasmar lo que pienso y lo que siento en este libro: la muerte de este sistema, ya que nos hemos encontrado un jaque mate debido a la situación actual.

Como humanidad, nuestra propia luz va a ser nuestra salvación. Tenemos que sacar ese poder y sentir lo que realmente somos: seres espirituales sumamente poderosos viviendo una experiencia humana. Hasta aquí hemos llegado obedeciendo y respetando lo que nos han impuesto porque no quieren que sepamos quiénes somos realmente.

CONFERENCIA «LA VIDA DESPUÉS DE LA VIDA»

Barcelona, 13 de julio de 2011
Incluye las preguntas del público

En nuestra sociedad occidental, debemos ser personas de mentalidad especialmente abierta para contemplar la posibilidad de que exista vida después de la vida y para interesarnos en explorar dicha posibilidad. En cambio, en algunas culturas, sobre todo las orientales, está muy asumido que la vida no termina cuando dejamos el cuerpo físico. Estuve en Vietnam y ahí vi que la gente hace unos altares especiales para sus familiares difuntos, a partir de la creencia de que siguen su camino en el más allá.

En España, donde vivo, la religión tradicional es la católica, y muchísimas personas creen que no hay más vidas después de la muerte. Pero yo, desde que era muy, muy pequeña, sentía que tenía que haber algo más. No me conformaba con ser Suzanne Powell, una niña que vivía en la sociedad norirlandesa. No me motivaba llevar una vida como la que llevaba todo el mundo en mi pueblo de veinte mil habitantes, la mitad de los cuales eran vacas; no quería ser una Heidi. Veía cómo la gente se casaba en la catedral del pueblo; les tirábamos arroz, pétalos y confeti. A continuación, tenían cinco, seis o diez hijos, algo habitual en Irlanda. Los fines de semana, se iba a visitar a los abuelos, y así pasaba uno la vida, hasta la hora de jubilarse. Los hijos crecían, cuidaban a sus padres y el ciclo se perpetuaba. Yo pensaba: «La vida no puede ser solo esto; ¿qué ocurre después?».

Recuerdo que cuando mis padres me acostaban, supertemprano (ni siquiera era aún de noche cuando lo hacían), me quedaba mirando el cielo por la ventana, pensando: «¿Hay algo más? Quiero que haya algo más». Y algo dentro de mí decía: «Suzanne, esto es solo una continuación de lo que es una larga existencia».

En muchas ocasiones soñaba con palacios y castillos, guerras y espadas, reinas y princesas, amores y desamores. Cualquiera diría que todo ello era producto de la fantasía de mi subconsciente, pero las escenas eran tan reales que me despertaba pensando: «¿Y si fuese verdad?». Pero nunca compartía esos sueños con mis padres o mis hermanos, porque no sentía que pudiesen comprenderme.

Vine a España con una sentencia de cáncer, y me planteaba: «¿Qué pasará si me muero?». Al mismo tiempo, pensaba: «¡No tengo tiempo para morirme! Tiene que haber algo más; sé que he venido para hacer algo. ¿Cómo que mi vida está a punto de acabar? Ni hablar; no me lo creo». Y ahí empezó mi búsqueda. Al mismo tiempo buscaba la vida, el sentido de la vida y el sentido de la muerte: quería saber qué pasa cuando nos vamos de este plano.

Solía leer libros sobre el tema, que me parecían fascinantes. Recuerdo uno de ellos que se titulaba *He visto la luz* y lo había escrito una médium llamada Betty J. Eadie. Me fascinaban esas historias en las que se explica cómo uno muere, se va al otro lado, pasa por el túnel, regresa y lo cuenta todo. Lo curioso es que, a lo largo de todos estos años que llevo en España, he conocido a varias personas que han muerto y han vuelto; ellas han confirmado mis inquietudes y teorías sobre qué es lo que puede pasar.

Antes de venir a España, cuando era estudiante universitaria en Irlanda, en una ocasión en que estaba comprando por la ciudad de Belfast, tuve una experiencia delante de una tienda. Estaba mirando un escaparate y me sentí morir. De repente, no podía respirar. No era un ataque de asma ni de nada en concreto, pero tuve que apoyarme en el escaparate, y me fui deslizando hacia abajo hasta caerme al suelo. Nadie me dijo nada, nadie me tocó, nadie me miró... Quienes me vieron debieron de pensar que estaba borracha. Sentí que salía de mi cuerpo y me dije: «¡No, no, todavía no!». De repente, volví a entrar en el cuerpo, y pensé: «¡Vale, vale, ya está! ¡Lo voy a hacer bien! ¡Venga!, ahora sí que lo voy a hacer bien».

¿Qué era lo que estaba haciendo mal que sentía que debía rectificar? Es difícil de definir; sentía como que estaba perdiendo el tiempo, que no estaba haciendo lo que tenía que hacer. Aún no le había pillado el truco a esto de *vivir*; me faltaba algo. Pero esa experiencia me marcó, hasta el punto de que le perdí el miedo a la muerte.

No sé muy bien qué pasó ahí y por qué ocurrió eso en ese momento. Más adelante, me di cuenta de que me había muerto muchas veces en esta misma vida. Pero no había sido consciente de que habían sido muertes, porque se había tratado de experiencias de un microsegundo, tras las cuales había vuelto.

¿Cómo hay que entender esto? Cuando te vas a la cama a dormir y aparcas la mente, el cuerpo físico entra en estado de reposo y el sistema nervioso se apaga. Entonces, otro cuerpo tuyo más sutil —el cuerpo mental, espíritu o alma— sale y se va de viaje. Abandona tu cuerpo físico, el cual se queda muerto. Si alguien viene y te levanta el brazo, caerá como un peso muerto, porque tú no estás ahí.

¿Has visto la cara de un niño cuando está profundamente dormido? Ahí no hay nadie; a ese cuerpo se le puede caer el mundo encima y no se va a despertar, porque en realidad está en otro lugar. Porque el cuerpo mental viaja. Puede ser que esté muy lejos, en otros mundos, o que esté cerca. Cuando la persona está a punto de despertarse, su cuerpo mental está bastante cerca de ella, pero cuando está profundamente dormida, puede ser que se encuentre en otro universo, en el omniverso. Si aprendes a dormirte de forma consciente y te acuestas pensando «quiero viajar por el universo para aprender», podrás recordar tu viaje cuando te despiertes por la mañana.

Porque el caso es que somos seres multidimensionales. ¿Qué pasa entonces cuando una persona muere definitivamente?

Uno de los primeros amigos que me explicó su experiencia se llama Alfonso. Es un gran apasionado de las motos, pero tuvo un accidente y se mató en una curva. Atravesó el túnel y llegó al otro lado, donde un familiar le preguntó: «¿De verdad que ya está? ¿Te vienes con nosotros o te vas de vuelta?». Alfonso estudió la situación; valoró los asuntos que podía arreglar o resolver si regresaba, y decidió volver. Regresó con ciertas capacidades psíquicas, entre ellas una clarividencia más pronunciada, como les ocurre a muchos de los que se van al otro lado y vuelven. Es habitual que la gente regrese de la experiencia con un regalo especial del que antes no eran conscientes, una sabiduría excepcional.

En el caso de Alfonso, pasó a tener la capacidad de viajar en el tiempo. Podía adelantarse unos cuantos minutos a los hechos con su mente, lo cual le permitía tomar las curvas sabiendo lo que había al otro lado; no corría el peligro de tener un accidente, porque podía doblarse todo lo que quisiera sin chocar con nadie. Tuve largas conversaciones con Alfonso, que me explicaba sus experiencias. Por ejemplo, estábamos sentados en una terraza y me decía: «Ese señor que está ahí en esa mesa, ahora se levantará y se irá al bar». Medio minuto más tarde, el señor se levantaba y se iba al bar. «Ahora su señora va a abrir su bolso y va a sacar un pintalabios», y así ocurría.

Todo eso me fascinaba y me hacía mucha gracia, pero a la vez pensaba: «¿Qué me va a decir a mí? ¡Cuidado, que no puedes tener secretos!». Él vive ahora con una nueva visión, una nueva percepción, que te deja pensando cómo puede hacer eso.

Tenemos esta enorme capacidad de poder adelantarnos a los acontecimientos, o de ir hacia atrás. Cuando nos volvemos conscientes, empezamos a perder ese anclaje a lo que es puramente tridimensional, y empezamos a fluir dentro del espacio-tiempo. Nos movemos de otra manera, nos adelantamos a nosotros mismos, sabemos cómo tomar decisiones. Todo es menos rígido y se vuelve más fluido.

Otro señor, llamado Panchito, cuya historia cuento en detalle en el libro *Atrévete a ser tu maestro,* murió y se fue al otro lado; cruzó el famoso túnel, en el que nos podemos encontrar con personas conocidas o desconocidas. Pero ¿qué es ese túnel? No es más que un agujero negro. Porque así es como viajamos. ¿Qué son nuestros chakras? Son agujeros negros. Esos agujeros negros que son los chakras giran, y al hacerlo lo transforman y transmutan todo; a través de ellos podemos entrar y salir de muchas dimensiones.

Pero volvamos al caso de ese señor, que murió de un infarto. Al llegar al otro lado del túnel se encontró con lo que él entendió que era «el Padre», quien le dijo: «¿Qué haces aquí? ¡Hemos quedado para más adelante! Cuando vengas, vamos a hacer un banquete para celebrar tu trabajo bien hecho». Él replicó: «¡Ay!, no me hagas volver ahí abajo otra vez, que es muy duro vivir en el planeta Tierra». Y el Padre respondió: «Esto es lo que has buscado, lo que has pedido; es lo que acordamos».

De manera que regresó a este plano. Nos explicó su experiencia y al cabo de un tiempo volvió a morirse; le volvieron a decir que se estaba adelantando y tuvo que regresar de nuevo. Hace un par de meses, murió definitivamente; lo hizo feliz, con una sonrisa en la cara, contento de que lo llamasen tras haber completado su trabajo.

Entonces, ¿qué ocurre en el más allá? Cuando uno se muere definitivamente, tendrá una experiencia de muerte y posterior a esta según su creencia mental. Si tú en tu vida has vivido con miedo y has vivido con la creencia de que hay un infierno o un purgatorio, de que hay un juicio final, en tu muerte vas a experimentar exactamente lo que has pensado, lo que has vibrado, lo que has vivido con tus pensamientos en vida. Si no crees en un dios, no tienes ningún tipo de creencia religiosa y temes la muerte vas a seguir viviendo en lo que se llama la cuarta dimensión con ese mismo miedo.

Tal como vives será tu experiencia de muerte. Si crees que después de la vida no hay nada, no te vas a ir a ningún sitio, no te vas a ir a lo que llamo yo *casa*, que es volver a tu programa, sino que te quedarás en la cuarta dimensión: el que está en ese espacio se queda rondando por su hogar, o por el lugar en el que ha muerto; ahí permanece con otros familiares y amigos que ya han fallecido, y va sumando «amiguitos». Esa persona vivirá su muerte y su estado de muerte fuera del tiempo y el espacio; pensará que sigue viva, como le ocurre al protagonista de la película *El sexto sentido*. Es así de real, tal cual. Hay otra película, *Más allá de los sueños*, en la que una mujer se suicida tras haber perdido a sus dos hijos y a su marido; pasa a vivir su versión del purgatorio, y el que fue su marido intenta rescatarla.

Cuando un niño muere y regresa, lo que cuenta coincide con lo que le habían contado estando en vida. Si a un niño le explicas que cuando uno muere le recibe un ángel, esto es lo que vivirá. Si a un niño le explicas que cuando uno muere ve muchos ositos de peluche, esto es lo que se va a encontrar. Por lo tanto, si quieres morir en paz, ¿qué es lo que tienes que hacer? Vivir en paz.

Cuando los terroristas suicidas islámicos mueren pensando que se van a encontrar con setenta y dos vírgenes al otro lado como premio por su servicio, se dan cuenta de su error tras haber fallecido; se encuentran en un espacio del que no pueden escapar, porque han despreciado el regalo que es la vida en este plano.

¿Cómo deberíamos morir y cómo deberíamos continuar después? Hemos llegado a este mundo con un propósito: vivir, evolucionar, crecer, ser felices y multiplicarnos. Y este lugar es un paraíso. En nuestra evolución, el planeta Tierra es un sitio en el que tomarnos unas vacaciones. Es decir, en el transcurso de los ochocientos millones de vidas que llevamos a cuestas desde que empezó la creación, decidimos tomarnos un descanso, para lo cual nos han ofrecido el planeta más precioso de todo el universo. Visto desde fuera, tiene una belleza incomparable; no hay ningún otro planeta que sea igual de bonito. ¿Por qué no disfrutamos, entonces, de nuestras vacaciones? Porque nos hemos perdido en la ilusión. Estamos viviendo según una programación que nos han impuesto.

Yo siempre digo que nadie te puede manipular si no le das permiso. Si afirmas que vas a vivir la vida que has elegido vivir, dentro o fuera del sistema (da igual), entonces vas a ser un ser libre, divino, soberano, con todo el poder para cocrear el tipo de vida que quieras vivir. Es fácil hacer esto, pero hay que pasar por una desprogramación. En Occidente, si un médico te dice que te queda una semana de vida, ¿qué haces? Lo primero que ocurre es que te quedas descolocado. Inmediatamente después, debes decidir si vas a creerte esta información. En principio, te lo crees, pero no te lo quieres creer. Tienes miedo y de repente empiezas a cuestionarte si hay algo más allá de esta vida. Y te preocupas más por cómo van a quedar los demás que por tu destino: «¿Qué van a hacer sin mí? ¿Quién va a pagar la hipoteca?». En esos momentos, te sientes increíblemente imprescindible. Ahora bien, cuando te mueres, hay muchas probabilidades de que las cosas sigan igual, o incluso de que mejoren, para los que dejamos, sobre todo si has sido una pesadilla o un petardo.

En Irlanda del Norte, cuando muere alguien, se monta una fiesta que es más bien una borrachera. Curiosamente, su nombre en inglés es *the wake*, 'el despertar'. En realidad, es una excusa para beber gratis (risas del público). Todo el mundo se viste de oscuro, pone cara de pena y va al lugar de la «fiesta». Dan el pésame a los familiares, que los invitan a beber *whisky* o cerveza. Cada vez hay más personas reunidas, y cuanto más se van emborrachando, más van hablando del muerto. Van saliendo a la luz todas las anécdotas y la gente se lo pasa en grande. En cambio, en España hay que poner cara seria y decir que estás muy afectado. Hay que representar el papel, aunque tal vez te alegres de haberte librado de ese pesado.

En otros países, como Vietnam, hay toda una preparación. Durante el proceso del funeral, se respeta un período de un mes, a partir de un conocimiento que no se tiene en los países occidentales; y es que una vez que ha fallecido, la persona tiene hasta un máximo de cien días para poder marcharse sola a casa. Durante el tiempo del tránsito, la persona permanece en su dimensión asumiendo su fallecimiento de forma consciente, y también se interesa por cómo sigue la vida para quienes ha dejado atrás: quiere ver qué fiesta montan si es el caso, quiénes lloran su muerte y quiénes no, si hay peleas por la herencia, cómo organizan su vida en su ausencia, etc.

Dentro de los cien días, su campo magnético, que había estado unido al cuerpo físico, conserva la vibración original, lo cual significa que esa alma contará con la fuerza necesaria para irse por sí misma a su programa (a reprogramar su vida) cuando considere que ha visto suficiente y se sienta preparada. Ahora bien, si permanece apegada al plano material más allá de este tiempo, bajará de vibración y necesitará ayuda para irse. Tendrá que esperar hasta que una persona rece desde el corazón, orando «de verdad» por su alma, con alta vibración.

Hoy en día, ¿quién sabe rezar de verdad? No como loros unas frases aprendidas. ¿Quién reza hoy en día? Las personas que sienten la muerte muy próxima; normalmente, son gente mayor que se prepara para marcharse. Hay otras personas que, aplicando determinadas técnicas o conocimientos, o con su capacidad de trabajar a nivel multidimensional, pueden atender a esas almas y ayudarlas a ir a su destino. Por su parte, los difuntos, desde su dimensión, reconocen a las personas a las que pueden pedir ayuda.

Los niños, con su tremenda inocencia, ven cosas de otros planos que los adultos no ven, incluidos los maestros. A veces conectan con uno de ellos, que se convierte en un «amigo invisible» para ellos. Recuerdo una película, cuyo título se me ha olvidado, en la que unos niños veían a un hombre que había muerto, y jugaban con él. El hombre movía objetos físicos desde la dimensión en la que se encontraba; los niños sabían que lo hacía él y se reían a carcajadas, pero los adultos no.

Los amigos invisibles son una realidad, pero lo que hacemos erróneamente es decirles a los niños que se dejen de tonterías, que ahí no hay nadie. Lo que debemos hacer es escucharlos, dado que no tienen la mente contaminada y pueden ver más allá de lo físico.

¿Cómo quieres programar tu muerte? Tienes tu programa de vida, en el cual tú mismo has establecido tu fecha límite, aquella que no vas a superar, pero esto no significa que vayas a alcanzarla. Antes de la llegada de esa fecha, todo es hipotético dentro de tu programa; lo que ocurra va a depender de tus decisiones. Por ejemplo, si en un día frío agarras tu moto tras haber bebido un vaso de *whisky* y ruedas sobre una placa de hielo, es muy posible que la moto resbale y mueras; pero si actúas de forma responsable y te subes a un taxi tras haber bebido, no morirás. Es indudable, que decisiones diferentes llevan a resultados diferentes.

Si quieres vivir un día más, programa despertarte al día siguiente antes de dormirte. Di, por ejemplo: «Mañana me despertaré a las ocho de la mañana». Así no te vas a morir mientras estás durmiendo. Cada día es un regalo; quien lo tiene más claro es aquel al que le han dado una semana de vida, porque en esa semana vivirá más intensamente que nunca antes, plenamente consciente del valor de cada día, cada hora, cada minuto o cada segundo. Y mientras sigues respirando puedes seguir evolucionando y mejorando tu «historial evolutivo». Incluso si has sido un asesino durante toda tu vida y en el último momento reconoces tu error, pides perdón y te perdonas a ti mismo, puedes experimentar una más alta evolución.

En Occidente, estamos en pañales con respecto a la muerte; no nos han enseñado a morir. Más bien nos han inculcado el miedo a la muerte a través de ocultarnos información. Hay miles de testimonios de personas que han muerto y han vuelto, pero no quieren que se sepa, porque la mayoría de las experiencias que cuentan son placenteras.

En las charlas que he dado sobre el karma he tocado mucho el tema del aborto. A una de esas charlas vino una señora que dijo que había abortado dos veces y que había muerto en el quirófano. Atravesó el túnel y se encontró con sus hijos abortados. La reanimaron, se despertó y volvió muy consciente del error que había cometido. Estuvo buscando la manera de liberar a esos hijos para que pudiesen volver a su propio programa y reencarnarse. Por suerte, había visto el vídeo del karma* y había encontrado la solución para liberar a esos hijos.

Las personas que mueren en paz se van en paz; no se quedan por aquí. Tal vez se quedarán unos días o un mes, cien días como mucho, y se marcharán. La persona que muere en paz desea y acepta su muerte, por lo que se muere con alegría y se va enseguida. Ahora bien, cuando una persona, incluso aunque haya querido morirse, deja a la familia llorando sin parar por ella, ocurre otra cosa.

Pongamos por caso que a una familia se le muere Pepe y que considera que esa muerte ha sido una desgracia, de manera que esa familia le implora a Pepe que no los deje, que se quede, que los cuide y los proteja. Y encima los familiares le hacen un nicho a Pepe,

---

* Disponible en Canal de You Tube «Ponencias Zen». Vídeo «El karma (Completo)», Suzanne Powell 21-01-2011.

donde van a visitarlo y le llevan flores con regularidad, hablan con él... El resultado es que ese nicho es como una casita para Pepe, un lugar en el que se siente a gusto, de manera que no tiene necesidad de ir en busca de ningún otro hogar. A partir de ese momento, en cuanto se muera un familiar, Pepe irá a buscarlo. Siempre nos vienen a recoger desde el otro plano, pero si está Pepe por ahí y hubo una relación de confianza, es fácil que prefiramos irnos con él antes que irnos con un ángel desconocido. Por lo tanto, Pepe se llevará a Martita, por ejemplo, y se quedarán juntos. Cuando próximamente se muera el abuelo, irán a recogerlo, y el tamaño de la familia irá aumentando. Esa familia irá creando su propia realidad, la que quiera, en esa dimensión.

Pepe vivirá, pues, en el nicho (en esa casita con flores) y también hará visitas al lugar donde murió (los difuntos siempre vuelven al lugar donde fallecieron). Además, si tenía un vínculo muy especial con un familiar que sigue vivo, llamémoslo Carlos, lo acompañará. Si Pepe murió de un infarto, le irá transmitiendo esa vibración de baja frecuencia a Carlos, el cual acabará con la misma enfermedad. Al principio, como los síntomas no son de la persona sino del familiar fallecido, no se asocian con un problema de salud. Carlos va al médico y le explica que le duele mucho el corazón, tiene taquicardias y le cuesta respirar, de manera que le hacen un reconocimiento médico, y las pruebas dan como resultado que su estado de salud es excelente. Sin embargo, Carlos contrae esa enfermedad, y muere a causa de ella.

Si queremos ayudar a Carlos antes de que su salud empeore, tendremos que quitarle de encima a Pepe y a toda la fila de familiares y amigos que Pepe lleva consigo. Esto podemos hacerlo durante el *reset* de la enseñanza zen. Con el cien por cien de capacidad, generamos una vibración muy alta, hacemos un repaso multidimensional y usamos la capacidad de buscar el origen de la enfermedad de esa persona. En una gran mayoría de casos, la raíz del problema es algún «Pepe», y cuando eliminamos esa raíz, la persona se recupera.

Eso lo demostré en una clínica en la que trabajé seis meses como voluntaria, junto con sus equipos médicos. Me pasaron a los pacientes más complicados, aquellos para quienes los médicos aún no habían logrado encontrar una cura. Sorprendentemente, muchos de ellos recibieron el alta tras el *reset*. Un caso típico fue el de una señora que llevaba veinte años sufriendo dolores de cabeza, siempre en el mismo lado. Llevaba veinte años acudiendo a todo tipo de tratamientos naturales (acupuntura, homeopatía, etc.), pero el dolor de cabeza seguía ahí. Cuando le hice el repaso, me encontré con que tenía la «compañía» de un familiar que había muerto a causa de una embolia cerebral. Le hice el *reset* y el dolor de cabeza automáticamente desapareció por completo. Después, la señora le echó la bronca al médico; le dijo que llevaba veinte años pagando consultas y que en cambio yo le había quitado el dolor de cabeza en solo cinco minutos. Por supuesto, mi labor gratuita era buena para los pacientes pero no para la economía de ese establecimiento privado, por lo que el director médico me invitó a abandonarlo, no sin reconocer la eficacia de mi procedimiento. Me dijo: «Suzanne, eres un fenómeno social, pero yo vivo de mis pacientes. Tengo que pedirte que te vayas, pero te aprecio y te admiro profundamente». Yo esperaba esa reacción, aunque pensaba que duraría menos de seis meses; fue una experiencia maravillosa para todos.

Ayudamos a la persona holísticamente por medio de buscar la raíz del problema y trabajar en la parte multidimensional del ser humano, la cual ni siquiera es contemplada por la medicina convencional. Actualmente, gracias a Dios, esta información se está expandiendo, y hay médicos que se están abriendo mucho más a estos ámbitos. Algunos trabajan, por ejemplo, con la máquina Quantum, la cual efectúa mediciones más allá del ámbito tridimensional. Ya se empiezan a tener en cuenta, al menos, cuatro dimensiones, y este es un paso importante.

¿Quieres morir en paz? Vive en paz. Y ¿qué es vivir en paz? Hacerlo lo mejor que puedas sin hacer daño a nadie. Y cuando te toque morir, decir adiós, sin mayor problema. Así de fácil.

Los miembros de una tribu africana viven hasta los ciento veinte años, y apenas tienen enfermedades. Cada habitante presta su servicio a la comunidad y, en función de eso, es el jefe de la tribu el que les da o no permiso para morirse. Hubo el caso de un hombre de ciento veinte años que le preguntó al jefe si ya podía fallecer. Este le indicó que le gustaría que acabase cierto trabajo que sabía hacer muy bien; cuando lo hubiese completado, consideraría que habría servido lo suficiente a la comunidad. Por lo tanto, el hombre acabó el trabajo y acudió de nuevo al jefe en busca de su permiso para morir. El jefe accedió; le dijo que esperase a que montasen la fiesta de despedida. Esa noche, tras la fiesta, el hombre se durmió y ya no despertó.

¡Eso es vivir y morir consciente! Cada miembro de la tribu tiene su fuerza, su salud, para poder llegar hasta los ciento veinte años, o más allá si quiere. Y como todos mueren conscientemente, todos se van directamente, y ninguno queda atrapado en otra dimensión en la que pueda infectar a los demás. ¿Adónde se van? A su programa como yo digo, a diseñar la siguiente encarnación.

Como saben muy bien en el budismo, vamos cambiando de traje (de cuerpo). De hecho, no morimos, sino que somos eternos, somos pura conciencia, somos amor. Pero claro, no lo sabemos, no lo *sentimos*, a causa de la forma en que ha sido programada nuestra mente. El *software* acumulado es el apropiado para que hagamos lo que se espera de nosotros dentro de la cultura y la sociedad en las que estamos. Pero este mismo *software* nos ensucia la mente y nos impide ser conscientes de otras dimensiones.

En la actualidad, está cambiando la vibración del planeta, y la estructura de la sociedad se está desmontando. ¿Qué está pasando con la gente? Que está empezando a captar y sentir en multidimensiones. Cuando las personas empiezan a relajarse y a ver más allá de la película que nos han vendido, empiezan a tener ese tipo de experiencias. Empiezan a hacer proyecciones espirituales o viajes astrales, empiezan a experimentar cosas en los sueños, empiezan a ver dentro del cuerpo físico, empiezan a atravesar paredes, a teletransportarse, a utilizar la telepatía, a ver el futuro y el pasado. Empiezan a escuchar en multidimensiones y a ver otro tipo de seres; comienzan a ser conscientes, empiezan a despertarse.

Esto es muy desconcertante para la mente física. Porque cuando nacemos, esta mente está vacía y lo único que puede contener es lo que uno le mete. Porque cualquier idea o inspiración nunca nace de la mente estúpida, sino que viene del disco duro, el cual pertenece al cuerpo mental, el espíritu, el alma. Esa inspiración viene de tu parte eterna, de la información de otras vidas, que se ha acumulado en el disco duro. La gente se pasa la vida buscando fuera la forma de llenar el *software* de la mente física, quiere meter todo en ella, cuando, como bien se dice, está todo dentro. Ve ahí y deja los libros, que solo contienen ideas de otros humanos. Tu disco duro lo contiene todo, pero no es físico, sino multidimensional. En mi libro *Conexión con el alma* expliqué cómo utilizar los sueños o la meditación para acceder a este tipo de información.

Las personas que sufren una muerte violenta no estaban preparadas para morirse. Cuando alguien tiene, por ejemplo, un accidente de tráfico, no esperaba fallecer en ese momento, y permanece en ese lugar. Si alguien que va conduciendo bajo los efectos del alcohol tiene un accidente y muere en un punto, ahí se queda. Estará muy solo, eso sí; desea compañía, y como en el universo lo símil atrae lo símil, esperará a que pase otro borracho y lo distraerá.

Ese segundo borracho se estrellará, morirá y también se quedará ahí, haciendo compañía al otro. Ya tenemos dos. Estos dos, deseosos de más compañía, buscarán distraer a más conductores borrachos. Se dirá que ese es un *punto negro* de la carretera, a veces de forma sorprendente, porque a simple vista no se aprecia que tenga que ser especialmente conflictivo. ¿Por qué alguien bebido da de pronto un volantazo sin haberlo pensado? Porque le han provocado.

Como bien sabemos, un ramo de flores en la carretera indica que alguien ha muerto ahí. En la carretera de la Arrabassada, que parte de Barcelona, muchos aficionados a la moto se han estrellado en una curva peligrosa. Si las carreteras con puntos negros no se limpian a nivel multidimensional, ocurrirán más accidentes.

Una persona que ha muerto por suicidio no se irá por sí misma; se da cuenta de su error y necesita ayuda para marcharse. Pero no se debe juzgar nunca a nadie. Un primo mío se suicidó; se tiró delante de un tren por pura desesperación. En Irlanda es muy importante el honor de la familia, y es también un país muy católico (al menos, en teoría: la realidad es que la gente va a misa y después al pub a emborracharse;

esto forma parte de la cultura del lugar). A partir de ese concepto del honor y esa tradición católica, mis tíos criticaron que mi primo se hubiera suicidado; dijeron que era una desgracia para la familia. Yo, que estaba escuchando esa conversación, me acerqué a mi tío y le pregunté:

—¿Qué diferencia hay entre un suicidio rápido y un suicidio lento?

—¿Qué quieres decir? —me respondió sorprendido.

—Que hay dos formas de suicidio. Tú fumas, ¿verdad?

—Sí.

—Pues esto es un suicidio lento, porque eres consciente del peligro del tabaco.

De repente, mi tío tomó conciencia. Ese día dejó de fumar, y no ha vuelto a hacerlo.

En cuanto a mi primo, solo puedo imaginar el valor que necesitó para cometer ese acto. Luego se le ayudó, para que su presencia no supusiera un trauma energético ni un lastre para la familia.

Quieres morir en paz, ¿verdad? Entonces, ¿ya has aprendido a vivir en paz?

Pregunta: No nos dejan vivir en paz; estamos mediatizados por todas partes. A no ser que te vayas a vivir a la montaña...

Suzanne: Define qué es lo que no nos dejan hacer.

Pregunta: Nos dicen qué hacer, qué tomar, qué beber...

Suzanne: No nos dejan vivir en paz. OK. ¿Cómo puedes hacerlo entonces? Por medio de perdonar, olvidar y aceptar. Esta es la fórmula para tu paz. Como puedes ver, no requiere cambiar a nadie.

No le des tu poder sobre tu paz o tu felicidad a otra persona. Yo voy a estar en paz hagas lo que hagas tú. Aunque me sabotees, da igual; no compro tu historia. Mi historia es la que es y mi canción es la que es, te gusten o no. Mi canción es mía y no voy a morir quedándome con ella dentro, sino que la voy a cantar, aunque desafine. Es mi canción, mi historia, mi versión de la realidad.

Decimos que hay un planeta Tierra, pero yo estoy viviendo mi experiencia de mi versión, de mi realidad, en mi planeta Tierra. Ahí fuera, en el cosmos, dicen que hay «diez miles» planetas Tierra; lo expresan así porque no tienen números más grandes de diez mil, pero lo que quieren decir es que hay un planeta Tierra por cada uno de los seis mil millones de habitantes humanos que contiene este cuerpo celeste. Yo estoy viviendo mi experiencia de mi versión del planeta Tierra y tú estás viviendo tu versión de tu planeta Tierra; y podemos estar los dos aquí interpretando una vida en esta versión del planeta. Puede producirse un terremoto y, mientras que tú vives un desastre, yo tengo una experiencia gloriosa.

Todo esto ocurre según nuestra visión o interpretación de nuestra realidad aquí, porque cuando salimos de lo que es la limitada versión de la tercera dimensión, vemos que esto no es nada. En la tercera dimensión, yo solo soy un pequeño fractal de lo que es Suzanne Powell a escala multidimensional. Tengo un trajecito prestado para vivir una experiencia física como ser espiritual en un puntito diminuto del universo, que es prácticamente insignificante en el omniverso. Aquí pensamos que esto es el todo, pero somos muy chiquitines; fractales minúsculos. Ahora bien, si te identificas con el pequeño fractal que aparece delimitado por las dimensiones de tu cuerpo físico, ya estás perdido, porque solo podrás gobernar tu vida y tu percepción de la vida con la programación instalada en la mente estúpida. Si crees que no te dejan vivir en paz, habla con tu mente, apárcala.

Di: «Tengo toda la paz del mundo. Es mi historia». Si un día quieres estar enfadado, saca toda tu mala leche, hasta que te hayas desahogado y te sientas a gusto; por supuesto, sin hacerle daño a nadie. No olvides que estás aquí para vivir la experiencia en la dualidad; no se trata de que estés manso como un santito todo el día.

Hemos venido aquí a tener experiencias con los cinco sentidos físicos y a sentirnos vivos teniendo estas experiencias. Y la vida que tenemos aquí ahora es muy poca cosa en comparación con la historia del universo. Si has vivido ochocientos millones de vidas, tienes muchas a cuestas ciertamente, pero son las que necesitabas, el cupo al que tenías que llegar para estar cualificado para estar vivo en tu versión del planeta Tierra, para tomar vacaciones aquí, en este paraíso, al final de este ciclo que ya se acaba. Quienes no han llegado al cupo, no están aquí.

Los seres humanos somos seres altamente evolucionados, pero a la vez «tontos» porque no lo sabemos. Estamos profundamente dormidos. Y el planeta Tierra es un lugar muy codiciado en el universo; están haciendo fila fuera para poder encarnarse aquí en este momento. Todos quieren estar aquí para vivir esta transformación, este gran cambio que protagoniza la humanidad. Somos privilegiados por tener esta posibilidad, ¡y por desgracia estamos tan dormidos que no nos damos cuenta!

Pero esta ignorancia forma parte del juego. Pronto se va a retirar la cortina y vamos a saber de qué va esto; vamos a mirarnos a la cara y nos vamos a reconocer. Imaginaos la escena: «¡Jolines!, con el mal rato que me has hecho pasar toda esta vida y resulta que eres mi pareja cósmica». Hay un libro fantástico que leí hace poco, *Iniciación*, de Elizabeth Haich, que ayuda a entender este proceso. Trata de una mujer que vive su historia, su evolución, y al final descubre de qué iba todo; quién realmente era el jardinero, el portero... Cae en todas las trampas y supera todas sus pruebas. Los peligros y las trampas nos los ponemos nosotros mismos; establecemos pactos entre nosotros antes de volver a bajar a la Tierra a jugar. Pero antes de que bajemos nos tienen que borrar la memoria; los ángeles del olvido se ocupan de ello. Por este motivo, es muy fácil que nos perdamos en nuestra propia historia, en la ilusión. Previendo esto, decidimos hacernos determinadas cosas, tener determinadas interacciones, para no olvidar nuestros pactos; la lista de personas que están llamadas a intervenir es larga. Somos maestros unos de otros. Yo antes de venir aquí ya había quedado con todos vosotros. Sois mis maestros de otras vidas.

Estamos representando una obra de teatro, y somos los guionistas y cocreadores de la misma. No hay ningún guionista malévolo que quiera condenarnos al infierno. Es muy divertido cuando lo vemos desde el lado del escritor de todo esto. Jugamos a estar perdidos, pero no lo estamos. Cuando morimos nos enteramos más de cuál es el contexto, pero si creemos que la muerte es el final seguimos dormidos tras la muerte. No comprendemos la dinámica de la existencia hasta que vamos a la quinta dimensión por lo menos, donde no existe la dualidad. Es necesario dar un impulso a las personas fallecidas para que salgan de su plano y pasen a dimensiones más elevadas; algunas a las que he ayudado en este sentido se han comunicado conmigo para darme las gracias y me han dicho que ya entendían de qué iba la vida.

En la enseñanza zen, tenemos muchos voluntarios trabajando en el ámbito multidimensional para contribuir a la evolución del ser humano. En el planeta Tierra hay personas a las que consideramos buenas y otras a las que consideramos malas; en realidad, no hay buenos y malos, sino que entre todos conformamos una gran familia en la que nos despertamos y ayudamos mutuamente.

*P: Hablas de que todos hemos vivido ochocientos mi-
llones de vidas. ¿Aquí?*

S: ¡No!, en el universo.

P: Y entonces podemos elegir venir a este paraíso.

S: Sí.

*P: Entonces, cuando te dicen en esta dimensión que
esta es tu última vida de aprendizaje...*

S: ¿Quién te lo dice?

*P: Un canalizador, alguien que lee en los registros
akáshicos..., alguien que supuestamente tiene una vibración más alta y te puede dar esa información. No me está
cuadrando con lo que estás diciendo, porque según la muerte que yo elija tener o haya pactado tener...*

S: ¡Ya te has muerto!; lo que pasa es que no te enteras (risas del público).

*P: A ver, vamos atrás. Muero en un accidente, me quedo
en el sitio y voy absorbiendo más muertos, hasta que somos
varios y alguien nos da un impulso para que salgamos de
esa dimensión, para que nos liberemos.*

S: Si lo programas, sí.

P: ¿Y si en lugar de morir en un accidente muero de enfermedad, por ejemplo un cáncer?

S: Si estás preparado y al final de una enfermedad, tienes ganas de marcharte y te has preparado, la muerte será una liberación para ti. Sin embargo, si no te has preparado y la familia llora tu muerte, te llama y no te deja irte, no te vas a marchar. Tampoco te vas a marchar en caso de accidente, como he expuesto antes, ni si te mueres de forma repentina a causa de una enfermedad como puede ser un infarto sin estar preparado.

P: Entonces, si me muero «bien», con conciencia…
S: Vuelves al programa.

P: Y ¿hay alguna vez que yo o alguien ahí arriba diga que ya se acabó volver, porque he aprendido y experimentado todo? ¿Cuál es mi última vida terrenal?

S: Si ya estás al final de toda tu trayectoria evolutiva y has programado terminar de pagar tu cuenta kármica en esta vida, esta puede ser una vida durísima o de servicio, de entrega, de amor incondicional, puesto que has decidido regresar a casa sea como sea.

Cuando hayas acabado tu ciclo de existencias en este planeta, podrás elegir tras la muerte. Una opción es que regreses para ayudar a la humanidad a evolucionar. Otra opción es que te sientes al lado de Dios. Otra alternativa es que vayas a otro planeta a seguir evolucionando, o que regreses con tu familia cósmica a otro lugar en otro universo. Cuando uno es consciente, puede elegir.

Cuando morimos conscientemente, revisamos nuestra propia vida y la evaluamos con objetividad: «Esto lo he hecho fatal y he creado más karma... Esto no lo he cumplido; me ha quedado pendiente... Esto otro está mejor». Vemos la vida recién terminada como fotogramas de una película situada fuera del tiempo, porque la noción de tiempo deja de tener sentido para nosotros cuando morimos. Contemplamos nuestra vida como si todo hubiese pasado a la vez, porque en realidad en nuestra existencia todo acontece a la vez; el pasado, el presente y el futuro. Mientras la estamos viviendo, sin embargo, tenemos una sensación de continuidad, a causa de que la vibración de la tercera dimensión es muy densa, y por lo tanto muy lenta. Nos da la impresión de que los fotogramas de nuestra vida transcurren uno tras otro, como si estuviesen dispuestos en horizontal, cuando lo que ocurre es que están dispuestos en vertical, uno encima del otro; por eso podemos ver el futuro y el pasado por medio de subir y bajar por esa escala de frecuencias, si contamos con el grado de conciencia necesario.

P: ¿Y si me muero «bien»?

S: Entonces, eliges. Ahora estamos en la tercera dimensión, al final del viaje de descenso, y nos vamos de vuelta. No a la quinta dimensión; esta no es la meta, sino que solo es la plataforma desde la que vamos a ir hacia arriba.

Cuando hemos cumplido con nuestra cadena de existencias en la tercera dimensión, podemos visitar al creador de este universo y darle las gracias por todo lo aprendido, lo cual incluye que hemos aprendido a ser como ese creador. A continuación, podemos elegir otro universo de características diferentes, diseñado por otro creador, y aprender a ser como ese otro creador. Pero realmente todos somos creadores de universos y no hay mejores ni peores; todos somos únicos, especiales, divinos, preciosos, maravillosos y asquerosos cuando queremos (risas del público).

P: ¿Cuántas dimensiones hay?

S: Hay incontables multidimensiones. Nuestra mente limitada querría contarlas, pero no se pueden contar.

P: Cuando decidimos volver a lo terrenal, ¿cuánto tardamos en hacerlo?

S: No hay tiempo; cuando te mueres no existe el tiempo. Pueden ser segundos, pueden ser años terrenales.

P: Por eso yo siempre pienso que por qué llevamos cosas a los cementerios durante años… Realmente ahí solo hay esqueletos, esas personas ya están reencarnadas.

S: Los muertos no se quedan en los cementerios. Hay más en los hospitales que en los cementerios. Y la gente tiene miedo de ir a un cementerio, pero no tiene miedo de ir a un hospital.

P: Si a la persona fallecida, en el tiempo que está por aquí antes de volver a su programa, no le gusta lo que ve (las actitudes de sus familiares, etc.), ¿qué ocurre con esta persona?

S: Debemos tener en cuenta que cuando una persona muere, sigue siendo exactamente igual a como era cuando estaba con vida. Si era una persona maliciosa lo seguirá siendo, si era ambiciosa lo seguirá siendo, si fumaba porros tendrá el mismo deseo de fumar porros. La única diferencia es que ahora no tendrá cuerpo físico.

Si tenías miedo del monstruo de Frankenstein o de Drácula cuando vivías en un cuerpo, verás muchos cuando mueras. O, si siendo una persona viva, tienes la capacidad de ver con tu tercer ojo y ves sombras y espíritus, y le tienes miedo a Drácula, esos espíritus pueden adoptar esa forma para darte miedo. Pues los espíritus, en efecto, pueden tomar las formas que saben que queremos ver o que tememos ver.

La interacción con este tipo de espíritus puede tener lugar, por ejemplo, en las sesiones de *ouija*. Es terrible lo que se mueve ahí, por lo que te recomiendo que no participes nunca en una sesión de este tipo; son muy peligrosas. Por ejemplo, si sientes devoción por la Virgen María y haces una sesión de *ouija* para pedir que se presente, un espíritu burlón se hará pasar por la Virgen María y te dará mensajes. Te dará mucha información correcta, y adquirirás el convencimiento de que estás conectado con la Virgen María. Entonces, de pronto, un día esa «Virgen María» te dirá, por ejemplo: «Tu padre tiene intención de asesinarte esta noche; más vale que lo mates tú antes». No será la Virgen, por supuesto, sino un espíritu malintencionado, tal vez el de un asesino, el que te estará diciendo eso. Esos espíritus saben cómo *jugar* con los humanos, porque saben que son ciegos y tontos.

Una forma en que esos espíritus juegan con los humanos es hacerse pasar por sus guías. Sus víctimas son personas que están muy perdidas y no saben realmente quiénes son sus guías. Esas personas dicen que están canalizando a Fulanito o Fulanita y que han recibido tal o cual mensaje... Mientras tanto, en el otro lado están haciendo una fiesta, de lo bien que lo están pasando.

Por lo tanto, hay que ser muy consciente y guiarse mucho por el corazón. Algo que recomiendo es no pedir consejo a otros, sino ir hacia dentro y hacer lo que vibre con uno. Solo porque alguien te diga una determinada cosa, no creas que eso va a misa; indágalo en tu interior. Ten un criterio propio; comprueba si eso que has escuchado vibra contigo y te hace sentir bien.

Va a haber mucha manipulación, porque los seres humanos están despertando y están empezando a desconfiar del sistema, y esto el sistema lo sabe muy bien. No hay nada más peligroso para el sistema que un ser humano despierto. La reacción del sistema es crear grandes oradores espirituales, gurús que invitan a la gente a escuchar su mensaje, a seguirlos y a darles dinero. Esos gurús seducen a la gente con sus preciosas palabras y sus grandes oraciones, y crean su propio mundillo espiritual, sus grupos, a partir de la manipulación.

El solo hecho de que te digan algo no significa que te lo tengas que creer. Esto es más difícil cuando te regalan el oído; cuando te dicen que eres un ángel o un ser especial… Cuidado, atención, ojito; no te quedes atrapado en ese agujerito… Cuando alguien «canaliza» y desde el otro lado te dicen que eres maravilloso, estás encantado. Pero la intención de este mensaje es alimentar tu ego espiritual. Es muy fácil caer en esta trampa. Evítalo yendo hacia dentro y buscando ahí tu respuesta. Todo lo que necesitas saber está en tu interior; por lo tanto, trabájate a ese nivel y aprende a discernir.

Todos somos ángeles y todos somos seres especiales; a la vez, todos somos potenciales demonios. Porque estamos en la dualidad y hemos tenido que vivir todas las experiencias. Pero dentro de que somos duales, ¿qué aspecto quieres cultivar ahora, en esta vida? ¿Qué quieres hacer con tu vida ahora que te encuentras al final del ciclo? ¿Qué es lo que necesitas para tu propia evolución?

P: Una persona que ha sido alcohólica y se supone que se queda por aquí…

S: No necesariamente por ser alcohólica.

P: Esa persona ¿puede manifestarse a la familia para pedir ayuda para irse?

S: Sí. Cuando una persona se muere en la familia y un familiar sueña con ese muerto significa que no se ha ido. Si se ha ido puedes soñar con esa persona, te puede transmitir un mensaje, pero no le verás la cara. Si no le ves la cara te está comunicando algo desde arriba y no vendrá para decirte «hola, ¿qué tal?», sino para darte una advertencia (por ejemplo, que cuides tu colon).

Si la abuela ha venido y no le he visto la cara, pero la he sentido y me ha hablado telepáticamente, lo soñado es un mensaje, y voy a hacerle caso. Pero si sueño con la abuela, le veo la cara y me cuenta un rollo sobre la familia o similar, la abuela no se ha ido. A la persona que venga le haremos un *reset* y así la ayudaremos a ella y al familiar fallecido que pueda tener detrás. Muchas veces, cuando estamos haciendo los *resets* a grupos el lugar se llena de fallecidos. Es una manera maravillosa de ayudar a quitar este gran peso de encima al mundo.

La influencia de los difuntos bloquea la mente humana; vuelve muy turbio el pensamiento de la gente. Muchas veces una persona adquiere el carácter del que se ha muerto que no se ha ido. Hace años tuve un novio que llevaba a su abuelo detrás, el cual era de León, España, y cuando mi novio se ponía borde hablaba con acento de León, y era curioso ver su transformación cuando se infectaba a nivel multidimensional. No se quiso dejar ayudar, así que acabé por pasar de él.

Cuando un difunto se quiere manifestar, muchas veces lo puede hacer. Uno de los efectos posibles en la persona afectada es que se pone nerviosa y empieza a decir cosas sin saber lo que dice ni por qué lo dice. Hay un programa de televisión en el que aparecía una vidente que detectaba la presencia de fallecidos enganchados a personas; estuvo bien para hacer tomar conciencia a la gente, pero la vidente no podía hacer nada para ayudar a los difuntos, y esto solo fomentaba el enganche, pues la persona tenía ganas de comunicarse con el fallecido, y este se aferraba aún más. Lo ideal sería hacer un *reset* a esas personas.

Esta es la gran importancia que tiene el *reset*, tanto para la salud física como para la salud mental. Nuestro gran deseo es que pueda llegar a muchas personas, que puedan aprenderlo para ayudar a quitar este tipo de peso en el ser humano y en el planeta, pues el viaje ya ha sido demasiado largo.

Al final del ciclo, las dimensiones se van a fusionar, y quien elija progresar con la Madre Tierra en ese proceso de evolución se quedará a experimentar toda esa transformación. Otros en cambio preferirán irse a evolucionar a otro lugar. Todo está bien; no hay nada obligatorio.

De hecho, lo que uno ha elegido ya lo ha vivido. Ya hemos tenido toda nuestra experiencia vital, y ahora solo estamos viendo la película de la misma. Estamos viviendo la experiencia del impacto de lo que vivimos en el proceso, pero como viendo una película. Eso ya pasó; en realidad estamos en otro lugar, en el futuro, mirando atrás y maravillándonos del hecho de que no nos enterábamos de nada.

Por eso decía antes que no te preocupes, que ya te has muerto. Los sabios y físicos cuánticos nos dicen que este plano en el que estamos no es real. Es el sueño, la película, la obra de teatro que estamos experimentando desde otro lugar. Una larga existencia en la que jugábamos a no saber lo que hacíamos. Elegimos el sufrimiento muchas veces, y vemos cómo nuestras elecciones acabaron por llevarnos al punto en el que nos encontramos: el fin de todo el proceso, en el que acabamos por encontrarnos sentados en el sofá viendo una película, totalmente a salvo, con el recipiente de las palomitas en la mano, ¡que ahí no engordan! (risas del público).

P: Antes me ha parecido entender que te referías a alma y espíritu como la misma cosa. Querría que aclarases este punto.

S: Hay diferentes aspectos. El cuerpo físico es el traje que usamos en la tercera dimensión. Vibrando a través del cuerpo físico tenemos el cuerpo mental;

ambos están superpuestos. En el cuerpo mental se encuentran los chakras, los cuales, al girar, generan nuestro campo magnético, también llamado aura. Aplicando nuestra conciencia, podemos hacer que este campo magnético sea más grande o más pequeño.

Asociado a estos cuerpos y este campo está el espíritu, que es un fractal del alma. El alma es eterna y enorme, es todo. Todos somos una única alma, pero tenemos espíritus independientes. El alma es el océano, mientras que nuestro espíritu es una gotita en el océano. Para transportar al espíritu, necesitamos que los chakras giren con vigor y creen un campo magnético fuerte; de otro modo, no podremos regresar al hogar tras haber fallecido, al menos no sin ayuda.

Como espíritus, somos diferentes y aun así estamos muy unidos. En una casa, cada estancia tiene un ambiente diferente y huele diferente, pero el aire que pasa por todas las habitaciones es el mismo. En esta analogía, el alma es la casa, y cada habitación un espíritu. Se van construyendo las paredes y se van definiendo las habitaciones de la misma manera que nosotros, procedentes de la unidad, nos vamos diferenciando. Vamos bajando por las dimensiones y nos vamos expandiendo, hasta que llega el momento en que tenemos que volver, regresar a la unidad. Entonces volvemos a estar todos unidos.

Cuando hemos regresado, elegimos dónde queremos ir a continuación.

El alma de la que formamos parte es absolutamente divina; es el Amor, la Vida. Como formamos parte de ella, somos dioses, todos nosotros.

La espiritualidad es la ciencia más elevada. No hay nadie en este mundo cualificado para hablar de la espiritualidad. Nuestra mente de la tercera dimensión es totalmente incapaz de entender lo que es. Podemos interpretar qué es la espiritualidad con la mente física, pero solo podemos comprenderla cuando salimos de esta y accedemos a nuestro disco duro multidimensional.

Hace muchos años tuve una gran conexión al despertarme una mañana con una euforia increíble; ¡ya lo sabía todo, lo comprendía absolutamente todo! Pero de repente conecté la mente y olvidé todo ese conocimiento. Yo, la Suzanne multidimensional en este plano, me di el permiso de conectar con el todo para tener esa visión, y elegí desconectar después para que no se me subiese el ego. No podía venirme todo «regalado», sino que, a partir de mi experiencia, debía trabajar y ayudar a otros a comprender quiénes son realmente.

Por lo tanto, de todo ese episodio de revelación, me quedé solamente con lo que necesitaba saber de mí para poder comprender quiénes son los demás. Eso era suficiente; no necesitaba conservar toda la información. Además, no habría podido vivir con ella.

En esa experiencia, accedí a mí misma y me redescubrí. Y cuando uno se redescubre, tiene un subidón, se ríe, siente gozo en el alma y se relaja internamente. Entonces, uno decide no tomarse tan en serio a sí mismo, y disfrutar.

P: ¿Qué sentido tiene el karma y, realmente, es necesario pasarlo mal?

S: En la experiencia de la vida, cuanto más despertemos y adquiramos conciencia, mejor vamos a interpretar las señales. Por ejemplo, si Barcelona tiene mucho karma pendiente y sufre un percance natural muy leve, como un pequeño terremoto, podemos decir, como seres que tenemos el deseo de evolucionar: «Hemos tenido este aviso, lo hemos vivido en nuestras carnes; ¿hemos aprendido la lección? No ha pasado nada grave, gracias a Dios, pero tomo nota. Voy a ayudar a personas damnificadas en otros sitios, porque ahora sé lo que se sufre con esto». También habrá quienes hagan caso omiso al hecho de que se haya movido un poco el suelo; incluso se burlarán. Si esta es la conciencia colectiva general, el episodio natural será más grave en la próxima ocasión, con el fin de que la gente despierte de una vez.

Desafortunadamente, la humanidad necesitará pruebas cada vez más duras mientras no despierte: accidentes más graves, experiencias más impactantes, un mayor sufrimiento... Pero si aprendemos la lección y actuamos conscientemente, podremos decir que ya no nos hace falta todo este dolor y pasaremos página; decidiremos ser bondadosos, sentirnos como una familia y apoyarnos unos a otros.

Lo que es aplicable a la humanidad también es aplicable a cada ser humano. Por ejemplo, puede ser que una persona empiece a tener accidentes en su vida. Si no reflexiona acerca de los motivos por los que tiene tan mala suerte, tendrá accidentes cada vez más graves. Esa persona debe detenerse y pensar: «¿Acaso estoy obrando bien en mi vida? ¿Acaso estoy siendo justo con mi familia, con mis compañeros? No; voy a cambiar». Y cuando uno cambia, también lo hace su experiencia, su versión de su realidad.

Solo hay una cosa en este universo que no puede ser destruida, y es una persona verdadera. Una persona verdadera puede estar en medio de una batalla y salir ilesa; tal vez le disparen a la cabeza, pero el casco detendrá las balas, y ninguna tocará su cuerpo. Y venimos aquí precisamente a aprender a ser personas verdaderas, evolucionadas. Nuestra esencia, nuestra naturaleza, es ser buenos. Una persona verdadera es indestructible.

P: Si la experiencia más bonita es la que podemos tener aquí en la Tierra, ¿para qué necesitamos irnos? Preferiría quedarme aquí.

S: Pues te vas a quedar sola (risas del público).

P: La Tierra es bonita para quedarse aquí.

S: Sí, pero recuerda que es solo tu lugar de vacaciones. Hemos venido a tomarnos un descanso, pero no podemos quedarnos aquí, porque nadie está de vacaciones para siempre. Y la Tierra no ha sido siempre nuestro lugar de vacaciones; anteriormente fueron Neptuno y Venus. Ahora nos toca estar en la Tierra… hasta que aguante. Pero hay otra Tierra preparándose, un nuevo mundo del que doy más detalles en el libro *Despertad, humanos.*

P: Si estás en una vibración alta porque estás meditando y haces un trabajo de conciencia, ¿es posible que se te enganche algún ser de los que se quedan por aquí?

S: Si estás en alta vibración, nada se te puede enganchar. Es cuando estás en baja vibración que seres con una vibración más baja que la tuya se te enganchan.

Durante tu vida diaria hay momentos en que estás en alta vibración y otros en bajísima vibración. ¿Cuándo te vas a quedar pillado? Cuando estés bajo. En esos momentos en que estás cansado y rabioso, en que alguien te ha tocado una tecla y por menos de nada ya saltas. En esos momentos ya estás pillado; y cuando vuelves a subir la vibración, vuelves a tener claridad y todo se despeja.

Lo símil atrae a lo símil. Si frecuentas lugares donde hay drogadictos, terminarás siendo drogadicto, porque estarás navegando en esa vibración. Es muy fácil quedarse pillado. Si hay una gran discusión en la que hay mal rollo y tú entras en ella, ya estás pillado, y en la otra dimensión esos espíritus que están provocando esa discusión hacen una fiesta, por lo mucho que se divierten con los humanos cuando estos se muestran ignorantes, ciegos y sordos. Se divierten mucho.

Si no quieres ser presa de ese tipo de vibraciones, vibra alto. ¿Cómo puedes hacerlo? Cuando haces un solo acto o gesto de caridad, ya estás vibrando alto. Cuando estás contando chistes y te sientes alegre, ya estás vibrando alto. Cuando das un abrazo con sinceridad, estás vibrando alto. Cuando respiras con conciencia, estás vibrando alto.

Es fácil: sé feliz; date permiso para serlo. Cuando eres feliz, vibras alto. Pero nadie es feliz siempre.

Si estuviésemos siempre felices, no estaríamos en la tercera dimensión, porque aquí tenemos que estar en equilibrio. Si estamos tristes, no pasa nada; de hecho, es necesario que lo estemos para el equilibrio. Quien se ríe mucho terminará llorando mucho. Quien está espiritualmente elevado tendrá otros momentos en los que estará espiritualmente muy bajo. Por eso, a los grandes maestros nunca hay que juzgarlos. Normalmente, tenemos una persona que está muy abajo y después sube; pero cuando ya se ha subido, es muy fácil caer en la trampa de la arrogancia y el ego espirituales. Esta caída duele mucho. Pero aunque bajes puedes subir con más facilidad, porque ya conoces la experiencia de estar arriba. Puedes pasar de ser un dios a ser un demonio, pero puedes volver a pasar de ser un demonio a ser un dios en un instante.

A los niños les cuesta menos entenderlo. Los dibujos animados pensados para ellos ya hablan de estas cosas. Estaba viendo con mi hija, antes de salir de casa, una película de dibujos animados en la que había viajes interdimensionales, extraterrestres, superpoderes. Para ellos, todo esto es lo más natural del mundo.

P: El resto de los seres vivos (los animales y las plantas) ¿también son seres multidimensionales?

S: Todos, sí.

P: ¿Qué sucede con ellos?

S: Exactamente lo mismo. Cuando mueras, te vas a encontrar con tus mascotas. Lo que pasa es que, en el caso de los humanos, no todos son iguales. Los hay que no son tan humanos. Los hay que han venido como seres de otras dimensiones como voluntarios para ayudar a sus hermanos a evolucionar más rápidamente: ya han completado su proceso de evolución y eligen regresar como voluntarios para recoger al rebaño.

Nada es lo que aparenta; no te puedes imaginar cuál es la historia real que hay detrás de una persona. No te puedes imaginar quién es tu vecino realmente o quién es el vagabundo de la esquina. ¿Te guiña un ojo, hace un gesto extraño, te lanza una mirada especial? No hay que despreciar a nadie; escucha a todo el mundo.

¿No te ha pasado alguna vez que se te ha presentado alguien en la calle, te ha dado un mensaje y ha desaparecido? Yo he contado con muchos mensajeros en mi camino, algunos muy divertidos. Por ejemplo, cuando vivía en Barcelona, en una ocasión tenía que ir a dar una conferencia; era domingo por la mañana, caía un diluvio y necesitaba un taxi. Pero no había ninguno a la vista. De repente, apareció un motorista imponente vestido de cuero, conduciendo en dirección contraria. Se subió a la acera, se acercó a mí y me dijo:

—Señora, ¿necesita un taxi?

—¡Sí! —le respondí.

Se fue por la calle Lérida en dirección prohibida y me mandó un taxista por la calle Tamarit, que se paró delante de mi casa. El motorista se detuvo en la esquina, levantó la visera de su casco, me lanzó un beso y siguió en sentido contrario. Me subí al taxi y el taxista me dijo: «Buenos días, princesa atlante; ¿adónde vamos hoy?». ¡Imaginaos mi cara de sorpresa y asombro! Tuve una conversación muy rara con ese hombre. Cuando llegué a mi destino, di la conferencia sintiendo un buen subidón. Más tarde, ya por la noche, llamé al que era mi maestro, que se encontraba en Francia, y le conté eso tan raro que me había pasado. En aquellos tiempos no me enteraba de nada; estaba en mi proceso de aprendizaje. Y el comentario del maestro fue muy escueto: «Todavía tienes que saber cómo funcionamos en este mundo». No me dio ninguna explicación; lo entendí más adelante.

He hablado con muchas personas que han tenido experiencias similares o más impactantes. Por lo tanto, abre tus ojos, agudiza tus sentidos, permanece atento a todas las señales que te están ayudando continuamente a llevar adelante tu proceso. Aparca tu mente racional; acepta esa ayuda que se te presenta espontáneamente. Cuando necesites algo y una persona venga y te ofrezca exactamente eso, no digas que ha sido una casualidad. Atrévete a creer en la magia.

En mi blog conté la historia de una paciente, con su permiso. Su marido había muerto y yo había estado ayudándola en su proceso. Yo sabía que su marido quería esperar hasta el último momento para irse a su programa, para estar con ella, desde su dimensión, mientras ella aprendía los cursos conmigo. Así, el marido también aprendía los cursos. Yo no le había contado a la paciente que estaba sucediendo esto, porque de algún modo era nuestro secreto, del marido y mío.

Me encontraba paseando por la feria de Biocultura,* cuando me llamó y me dijo: «Suzanne, ¡no te lo vas a creer! Mi marido me acaba de llamar al móvil y hemos tenido una conversación de tú a tú durante dos minutos. No ha quedado registrado ningún número de teléfono; ¡solo pone "llamada" y la hora! ¿Cómo puede ser?». Le pregunté cuánto hacía que se había muerto su marido, y me dijo: «Hoy se cumplen cien días». El marido se había despedido con su propia voz.

---

* Biocultura es una feria anual de productos ecológicos y consumo responsable que se celebra en varias ciudades de España. (N. del editor).

Le dijo que la amaba mucho y que seguiría haciéndolo, y que se iban a volver a encontrar...

¿Qué es lo que pasa? Que cuando te mueres te encuentras con la familia después, porque hay una continuidad; solo dejas un traje y tomas otro. Cuando una persona que forma parte de mi vida muere, digo: «Hasta luego». No es ningún trauma; no tiene que serlo cuando entendemos que la vida no se acaba aquí. Puesto que existe una continuidad, celebrémoslo; hagamos una fiesta para decir «adiós, hasta luego».

Hay que tener en cuenta, sin embargo, que cuando un familiar se ha suicidado necesitará ayuda para volver a su programa. Sus familiares vivos también necesitarán ayuda para soltarlo. Cuando todos los amarres estén liberados, los familiares podrán continuar con su vida y la persona fallecida podrá volver a su programa para tomar otro traje y nacer dentro de la misma familia.

P: Entonces, ¿siempre estamos con la misma familia?

S: Todos somos familia. Más allá de este hecho, tenemos nuestras familias cósmicas; cada uno tiene la suya. Yo he conocido a mi familia cósmica y me reencarno en ella. Pero todas las familias están interrelacionadas. Son enormes e incontables, y cada una tiene sus características. Incluso se parecen entre sí; tienen, digamos, cualidades parecidas. Pueden tener dones parecidos; por ejemplo, la familia cósmica de los músicos y la de los bailarines son muy afines.

Hay familias cósmicas que tienen aspecto de animales; ¿has visto que hay personas que tienen cara de pájaro? Y hay familias que se reconocen porque tienen la misma mancha o marca de nacimiento en la piel, en el mismo sitio y con la misma forma. Hay personas que tienen la constelación de su familia cósmica como lunares en su espalda. Hay que aprender a interpretar los detalles; es divertido, ¿verdad?

Para concluir, te pido que vivas con la mente abierta, el corazón abierto y las manos abiertas. No juzgues a nadie, busca tu paz, perdona, olvida y acepta. Vive tu vida con la mayor plenitud posible, sin hacer daño a nadie, sintiéndote intensamente vivo. Sé feliz y no te tomes tan en serio; relájate. ¡No sabes lo que te espera mañana! No hagas tantos planes; disfruta el día de hoy.

El otro día, mi hija fue con su padrino al cine en patinete. El padrino lleva un ritmo de trabajo frenético; siempre está estresado. Le dije: «Juan, si no paras, la vida te va a parar». A la vuelta de la esquina, Juan se cayó con el patinete y se rompió el codo; está ingresado en el hospital Vall d'Hebron, en Barcelona. De repente ha descubierto que no es *tan* imprescindible, que todo el trabajo de su tienda se hace igualmente. Mientras espera que lo operen (en principio, será esta semana), está haciendo relaciones públicas, meditando, repartiendo alegría en la planta del hospital; es un hombre superfeliz. Cuando lo hayan operado, deberá estar ingresado otra semana. «¿Ves como tú mismo te has dado vacaciones para no acabar petando?», le dije. ¡No esperes a necesitar un accidente para relajarte y ser feliz!

CONFERENCIA «VIDA CONSCIENTE, MUERTE CONSCIENTE»

Albacete, 27 de octubre de 2013

Mi madre tuvo la experiencia de morir y regresar. A finales de agosto de este año (2013), estaba en Irlanda con la familia cuando tuvo un infarto. Una vez ingresada en el hospital, tuvo un total de cuatro infartos. Los médicos dudaban entre ponerle un *stent* o hacerle una operación de *bypass*. Esto último era lo más apropiado, pero en un caso como el de mi madre —una señora de setenta y cinco años, fumadora empedernida, con estenosis en la columna y un cuadro de enfermedades autoinmunes, como lupus— parece que no querían gastarse demasiado dinero y preferían optar por la vía más rápida y barata.

¡Si vierais cómo está ahora!

Yo siempre había dicho que mi madre tendría que morirse para comprender lo que hago. Cuando se muera, se enterará de lo que hace su hija loca, alternativa, esa chaladita que siendo bien pequeñita ya hacía cosas o preguntas raras. Tenía muy integrado en mí este dato, pero nunca imaginé que ella tendría que pasar por semejante experiencia. Cuando me dijeron que iban a optar por ponerle el *stent*, yo ya había recibido una información concreta de que no era apropiado; lo conveniente era que la operasen.

Llamé a mis hermanos e intenté convencerlos de que el *stent* no era una buena opción. Les dije que si se lo ponían, las cosas no iban a salir como nosotros queríamos; era necesario que mi madre firmase la opción de la operación. La alternativa era que mi madre entrase en un estudio médico llamado NOBLE; en estos casos, es el médico quien elige lo que se va a hacer, y por ejemplo a diez sujetos les ponen el *stent* y a uno lo operan. Si mi madre no aceptase firmar para entrar en el estudio, ella tendría la capacidad de elegir el tratamiento. Como mi madre no acababa de tener claridad mental en ese momento, mis hermanos decidieron tomar la decisión, y los convencí a los tres para que optasen por la operación. Pero mi madre tenía otro plan: estaba enamorada del médico que le iba a poner el *stent*, porque según ella era muy mono, «muy majo», y sabía que él la iba a cuidar. ¡Por este motivo, ella misma firmó el papel, porque su médico era guapo!

Mi hermana me llamó para decirme que le iban a poner el *stent* en ese momento. Ante lo que intuía que venía, me retiré a mi habitación en Madrid (ya tenía el billete sacado para partir al día siguiente por la mañana hacia Irlanda del Norte), me puse a meditar y pedí ayuda.

Durante la meditación, de repente, me entró un llanto dulce; empezaron a rodar lágrimas por mis mejillas y brotó un sentimiento desde mi alma, mientras sentía a mi madre a mi lado, a la derecha. Le dije: «Mamá, yo te puedo ayudar. Espérame, por favor; déjame que te ayude». Hasta la fecha, ella nunca había querido que yo le pusiera la mano encima; me decía cosas como: «Suzanne, funciona para todo el mundo, pero para mí no, que soy tu madre; es imposible. Yo te parí; ¿tú cómo me vas a curar?».

Hacía un año que no veía a mi madre y quería abrazarla, por puro egoísmo. Le dije: «Te quiero abrazar en vida al menos una vez más. Déjame que te dé un beso, que te diga cuánto te quiero y lo orgullosa que me siento de ti, de ser tu hija». Estuve ahí, con ese gran sentimiento, durante cinco o diez minutos (no lo sé, porque en el estado de meditación no existe el tiempo). De repente, el llanto amainó y entré en un estado de calma y paz. Abrí los ojos, me levanté y oí una llamada de Skype: era mi hermana, que quería decirme que el *stent* había fallado, y estaban trasladando a mi madre rápidamente a otro hospital de Belfast, para operarla de urgencia.

Pensé que era raro que fuesen a hacer ese esfuerzo para una mujer de setenta y cinco años a quien le fallaba el *stent*, que se estaba muriendo y que encima era fumadora; no me cuadraba. Ese médico, o se había saltado el protocolo o... también estaba enamorado de mi madre. Tal vez era un asunto de almas gemelas o similar... Le pusieron el oxígeno, la mantuvieron con vida y, oh casualidad, al llegar al otro hospital había un quirófano disponible. La operación duró cuatro o cinco horas; salió a medianoche. Le realizaron un doble *bypass* y aparentemente todo fue bien.

Llegué a la mañana siguiente. Estaba en la UCI, donde la habían tenido intubada. Le quitaron todos los tubos y entré con mi hermana para asistirla.

Debo hacer un inciso para decir que la noche anterior a que mi madre sufriese el primer infarto, tuvimos visita en casa, y mi hija y yo tuvimos que dormir en la misma cama. En plena noche, mi hija pegó un grito y dijo: «¡Siete, cuatro!». Le pregunté qué quería decir y me dijo que, sencillamente, tenía que decirme eso. Pensé en lo que podía significar... Yo sabía que, en los toques zen, esos son los números de los chakras que tocamos para las personas que tienen una enfermedad cardíaca.

También me fijé en el número de visitas a mi blog, y dio la casualidad de que la cifra era 4.447.777. De hecho, escribí una entrada en el blog diciendo que los números hablaban, y me preguntaba qué me querían decir. Acto seguido, mi madre tuvo el infarto. Por lo tanto, todo fue enlazándose. De hecho, también vi un determinado tipo de números antes de tener el accidente de la cadera.* En ese caso, vi varios capicúas, esos números que son iguales leídos de izquierda a derecha que de derecha a izquierda; me salían en Facebook, en el blog... Los capicúas me estaban indicando las señales de atención.

Retomo la historia de mi madre. Fui a hacerle el toque zen del siete y el cuatro en la UCI y la encontré obviamente muy débil, muy delicada. Los médicos nos dijeron que no la cansáramos demasiado porque estaba muy frágil. Le hice el toque zen y al marcharme le pedí a mi hermano, que iba a venir al cabo de tres horas para la siguiente visita, que intentara dejarla

---

* Suzanne se refiere al accidente en la pista de hielo en el que se rompió la cadera solo una semana antes de acudir a esta conferencia (N. del editor).

descansar al máximo. Pero ese aviso resultó ser innecesario: después de su visita, mi hermano me llamó y me dijo que nuestra madre estaba sentada en una silla en la UCI echando broncas a todo el mundo. ¡Nadie entendía cómo podía estar con tanta energía en un plazo de tres horas!

Hubo más. Sé, por mi experiencia y la de otras personas que han pasado por una muerte y regresan, que siempre traen un regalo, otra forma de percibir o sentir la vida. Como mi madre se había ido, pensé en lo que habría traído consigo en su regreso. Yo ya sabía, por la conexión que tuvimos durante mi meditación, que si ella elegía vivir volvería comprendiendo lo que yo hacía; además, me habían dicho que me dejaría ayudarla, y que saldría adelante. Pensé: «Sí, bueno, ¡a ver qué pasa cuando le ponga las manos!».

Al llegar le dije que la iba a ayudar y, para mi sorpresa, ajustó la postura del cuerpo y me lo permitió. Cuando volví al día siguiente, mi madre me habló de la gente que había en la UCI. ¡Estaba viendo a los muertos! Me dijo: «Mira, Suzanne, ese señor que está ahí vino anoche a decirme que no me subiera a ningún tractor, camión articulado o autobús de dos pisos, para evitar caerme». Me contó que le había echado una bronca a ese señor por asustar de esa manera a una señora de setenta y cinco años. Mi hermana, que estaba a mi lado, me dijo: «Esto debe de ser por la medicación, ¿verdad?». También dijo mi madre: «Anoche, las enfermeras me llevaron a cenar a otro cuarto». Estaba explicando las experiencias multidimensionales que había tenido en otro plano. Había vuelto con ese don, y el hecho de que se encontrase medicada y relajada, lo cual hacía que su mente no interfiriese, contribuyó a que se manifestase. Por el efecto de los analgésicos y la morfina, no sentía dolor; estaba cómoda.

Yo le pedí a la familia, para no entrar en detalles acerca de la multidimensionalidad del ser humano, que le dijesen que sí a todo, que le siguieran la corriente. Temían que fueran señales de la enfermedad de Alzheimer o de demencia, les preocupaba tener que llevársela a casa en este estado y que no se fuese a recuperar. Les dije que no pasaba nada, que todo estaba perfecto.

Al cabo de unos días me habló de un hombre de raza negra que tenía un bebé en brazos que se quería marchar de allí, pero no le dejaban porque cerraban la puerta con llave. Mi madre le había dicho que yo podía ayudarlo, y que me siguiese. ¡Estaba animando a los muertos a que me siguieran para marcharse!

Parecía de locos, sí. Mi madre había adquirido un nuevo don, pero como la familia le decía que estaba confusa, se preguntaba si sería real lo que estaba viendo. Yo le decía que sí, que era real y que eran ellos los que estaban confusos, pero le advertí que no hablase, o la pasarían a Psiquiatría.

Mi madre tuvo una evolución espectacular y carente de complicaciones, incomprensible para los médicos, y a los ocho días la mandaron a casa. Mientras estuvo allí, las enfermeras cambiaban de turno porque querían estar con mi madre. Ella y yo tenemos un carácter muy parecido; vemos la parte positiva de todo e intentamos no dramatizar.

Cuando le hubieron dado el alta y fue a ver al médico que le puso el *stent*, este hizo su confesión. No estaba enamorado de mi madre, pero le dijo, más o menos: «Señora, la verdad es que usted murió y estuvo muerta más de diez minutos. Pero algo dentro de mí, no sé qué fue, me dijo que usted no tenía que morir y que yo debía hacer todo lo posible para que saliese adelante; así que me salté olímpicamente el protocolo, y me alegro mucho de haberlo hecho, porque usted es una gran superviviente». Mi madre le contestó: «Yo estoy viva por mi actitud», y mi padre la interrumpió con un codazo: «Y por la energía que te da tu hija» (risas del público).

Curiosamente, justo hacía un año que había ido a ver a mis padres cuando estuvieron de vacaciones en Fuerteventura. Mi madre tuvo un sospechoso infarto al lado de la piscina. Vi el cuadro, y silbando con disimulo porque nunca dejaba que le pusiera las manos, coloqué una mano sobre su cabeza. Se me quedó mirando con cara rara, y cuando probé a retirarla, no me dejó; sujetó mi mano y me dijo: «No, ¡espera! Se me está pasando...». Se convirtió en un secreto entre nosotras dos.

Cuando se hubo recuperado, preguntó dónde estaba mi padre, y me miró como diciéndome que me callase la boca y no se me ocurriera decirle nada a nadie. Cuando el médico en el hospital de Belfast comentó que era muy raro que hubiese tenido cuatro infartos seguidos sin haber tenido al menos algún amago de infarto en el último año o año y medio, debido al estado en el que se encontraba su tronco arterial, mi madre tuvo que confesar lo que le había ocurrido. Lo hizo delante de mi padre, del médico y de otros presentes. También les contó que su hija le había hecho «una cosa». Como la verdad siempre sale a la luz, más vale sacarla en el momento. Por mi parte, no había dicho nada por respeto a lo que ella había vivido; la vi muy bien y no quise preocupar a nadie. Entendí que ella tampoco.

Mi madre me dijo que era magnífico que el fin de semana siguiente estuviera con ellos en Fuerteventura, porque así estaría a su lado si le pasaba algo. ¡Cómo puede cambiar la conciencia y la vida de alguien debido a una incidencia, grande o pequeña! Pero esto solo ocurre cuando es el momento de la persona. Llevo casi veinte años haciendo lo que hago y la persona con quien más habría querido invertir tiempo para hacerle bien, para ayudarla con su salud, es mi madre. Pero había tenido que callarme y aceptar que no era su momento. Ella de alguna manera, desde el alma, sabía que tenía que tener ciertas vivencias, y yo debía respetarlo. Yo tenía la idea incómoda de que mi madre no comprendería mi labor hasta que muriera... Y de hecho murió, pero volvió, y así he recibido el gran regalo de seguir disfrutando de su compañía.

Nada más llegar a casa, mi madre se tomó un coñac con oporto. Como le habían regalado vida... ¡la iba a disfrutar! Y su primer desayuno fue irlandés: huevos, beicon, morcilla, tomate frito y salchichas. La consecuencia fue una diarrea que le duró días, pero para ella valió la pena.

Cuando una persona pasa por la experiencia de morir y volver, le pierde el miedo a la muerte, porque sabe que todo está bien, que todo es perfecto. Pero ¿por qué deberíamos esperar a morirnos para vivir? Yo adopté la postura, frente a mis propias experiencias, de relativizar los dramas, todas las situaciones conflictivas, con un mantra: «¡QUÉ MÁS DA!» (en inglés sería *what the heck!*).

¡Qué más da! Nada tiene importancia, salvo la importancia que tú le des. Las circunstancias no son importantes, sino lo que tú eres en ellas; da igual si la circunstancia es un infarto, una caída, una operación, un divorcio, un despido… Cada una de ellas es una oportunidad que tienes para evolucionar.

Cuando te mueres, te enteras de lo que es la vida. ¿Por qué la gente se pasa años queriendo saber sobre sus vidas pasadas y, mientras tanto, no está viviendo su vida actual? Es tan evidente que no lo vemos, como cuando no vemos el bosque porque hay tantos árboles que no nos dejan verlo. Evidencias aplastantes que no ves por tus propios bloqueos.

Todo lo que te corresponde a ti, lo que te pertenece según tu frecuencia, tu vibración, tu evolución, tu programa de vida, está haciendo un esfuerzo tremendo por llegar a ti. Y todo aquello que no te corresponde, no te pertenece, no te favorece en tu camino evolutivo, está haciendo un gran esfuerzo por salir de tu entorno, por escaparse de ti. Aquí están actuando dos reglas. Por una parte, ¿por qué no te llega lo que está intentando llegar a ti? ¿Qué pones de tu cosecha para que no llegue? Resistencia. Por otra parte, ¿por qué no sueltas lo que está intentando alejarse de ti?

Pues porque te aferras a ello, al creer que es tuyo o que lo necesitas. Es decir, a causa de tu apego. Entonces, ¿qué tienes que hacer con tus apegos? Soltar. Desapegarte y eliminar las resistencias. Vivir el presente. Aceptar todo. Esta es la fórmula.

Si es tan fácil, ¿por qué nos apegamos a todo aquello que está intentando marcharse? Y ¿por qué no dejamos llegar aquello que está haciendo un sobreesfuerzo por llegar? Porque tenemos una mente codificada por nuestras creencias (no me estoy refiriendo a creencias de tipo religioso), y a causa de esa programación pensamos que las cosas tienen que ser de la forma que hemos aprendido. Cuando empezamos a eliminar las resistencias y a soltar, cuando nos deshacemos de los apegos, es cuando empieza la magia.

Estando en la cama en el hospital tras mi accidente de patinaje sobre hielo, me di cuenta de que tenía tiempo para pensar. No era alguien *tan* imprescindible; de hecho, ¡no soy en absoluto imprescindible! Los cursos del mes ya los he delegado. Y tengo una hija que la próxima semana tendrá que hacer su vida de otra manera; en caso de no gustarle esto, como ella me eligió antes de nacer, ya sabe dónde se ha metido, porque esto también está en su programa. Por lo tanto, ¿por qué preocuparme? Querer controlar todo es cosa de mujeres. Si estaba en la cama de un hospital, atendida, era mejor que me relajase y me despreocupase. Mejor disfrutar el presente y ver cómo todo se arregla solo, recordando siempre el «¡Qué más da!».

Ni siquiera tuve que pensar en cómo coordinar lo que tenía pendiente; mis amigos y amigas movieron todas las piezas necesarias. Solo tuve que delegar. Quien tenía que venir, vino. La información que tenía que llegar, llegó. Lo que no me pertenecía se fue solo, desde mi paz y tranquilidad.

Si queremos morir en paz (y este es el sueño de todos, porque al fin y al cabo nos tenemos que marchar algún día), tenemos que aprender a vivir en paz, con amor y libres de miedo. El miedo es el opuesto del amor. Para vivir en paz necesito paz en mi mente y en mi corazón; también en mi cuerpo físico y en mi sistema nervioso; y también, ¿por qué no?, en la cuenta bancaria (risas del público).

Si quiero estar en paz tengo que generar una frecuencia, una vibración de paz. Si sé que por cada problema, desafío o conflicto que surja hay diez soluciones como mínimo, podré elegir la que sea más conveniente en ese momento, si estoy en mi centro y en paz. De hecho, las diez soluciones son perfectas; solo tengo que escoger, y todo saldrá solo. Pero si entro en la espiral de preocuparme por quién hará las cosas si yo no estoy, pierdo la paz. Y sin paz, ¿cómo voy a poder tomar decisiones de forma coherente? Si mi mente no está en paz, ¿cómo estará mi sistema nervioso? Patas arriba. Si el sistema nervioso no está en paz, ¿cómo estará mi sistema inmunitario? Fatal. Y si mi sistema inmunitario no está en paz, los virus y bacterias del hospital celebrarán una fiesta en mi cuerpo. Las bacterias son seres vivos (por eso se intenta matarlas con antibióticos); entonces, habla con ellas y diles: «Aquí no tenéis nada que hacer, id a la cama de al lado...» ¡Ay, no! A la cama de al lado no, ¡que eso es karma! Mándales a paseo (risas).

Aquello que temes lo estás llamando, atrayendo hacia ti. A aquello que no quieres que te pase, ya le estás abriendo la puerta. Imagina que piensas: «Por favor, que no me toque el médico aquel barbudo, que encima le huele el aliento». ¿Sabes quién va a venir a pasar consulta todos los días y a todas horas? Pues él, claro. Conté una anécdota en el libro *El reset colectivo* para ilustrar esto. Explicaba que, por ejemplo, yo podía decir: «Busco al amor de mi vida, pero los hombres con barba no me gustan». ¿Y entonces qué pasaría? Pues hombre que se presenta, barba que lleva. Y yo diría: «Oh, qué feo», poniendo ahí mi programación. Por cierto, aclaro que no tengo nada en contra de los barbudos, es una anécdota pura y dura para explicar la lección: el universo te regala lo que no te gusta hasta que aprendas a amarlo. En este caso, un barbudo tras otro, todo barbudos. Hasta que aprendas a amar esa barba. No vale decir con ironía: «¡Cómo me encanta tu barba, majo!». Hay que amarla de verdad, de corazón. Hasta que finalmente, llega Richard Gere, con barba; a ese se lo perdono, claro, y me enamoro locamente. ¿Qué creéis que va a pasar?; pues que se afeita la barba. ¡Lección aprendida!

Mi hija también está sacando la parte positiva de mi accidente en la pista de hielo; dice que ha pasado para que ella se espabile. Actualmente es preadolescente; tiene casi doce años. Cuando llegué a casa, Joanna se convirtió en un ángel; hacía de enfermera y cocinera, limpiaba... Me regaló una campana para que la hiciese sonar si necesitaba algo. Yo no la tocaba, pero venía a decirme que no hiciera nada que ella pudiese hacer. Cocinaba, recogía su habitación, no dejaba la ropa sucia por ahí, tendía la colada... ¡Era fantástico!, y yo me preguntaba cuánto iba a durar esa actitud maravillosa. Ahora, me ve tan bien que se olvida de que tengo la cadera rota. La campana no sé dónde está; ha desaparecido. Y tengo que fingir un poco para que vuelva a ser el ángel de hace una semana.

Se ha dado cuenta de que la experiencia le sirve a ella para sacar lo mejor de sí misma; también para que yo pueda ver lo mejor de ella en su nueva etapa de preadolescente. Cuando nos juntamos tres o cuatro padres o madres con hijos de esa edad, ¿de qué hablamos? ¿De lo maravillosos que son? Más bien no; nos perdemos con las etiquetas. Mi hija ha podido mostrar lo mejor de sí misma y la he podido ver desde el amor incondicional; he podido apreciar todo su esfuerzo y sus maravillosas intenciones. Las hormonas siguen ahí, pero he visto más allá de ellas. Las mías también están ahí, y la premenopausia unida a la preadolescencia crea un cóctel hormonal perfecto que hace que, si un hombre se acerca, más le vale llevar armadura, barba y todo lo que quiera (risas del público).

Hay que ver lo positivo de las situaciones. Mi hija me ha dicho que ahora, gracias a la silla de ruedas, las muletas y la cadera rota, llegarán más personas a mí y tendré más fans en Facebook. No sé cómo ha llegado a esta conclusión; en cualquier caso, sabe con certeza que lo que estamos haciendo para ayudar a los demás viene del amor incondicional, y quiere que mucha gente tenga la misma oportunidad de evolucionar utilizando una herramienta tan simple y accesible para todo el mundo. No comprende que el ser humano tenga que sufrir sabiendo que todos y cada uno tenemos derecho a utilizar dicha herramienta.

El ser humano tiene un maestro en su interior. Se ha dormido, ha olvidado lo grande que es, y solo necesita despertarse. Da igual que el camino hacia este despertar consista en una técnica, una religión o un dogma, o que la persona sea agnóstica. El ser humano tiene que sacar lo mejor de sí. ¿Cuál es la fórmula? Si no aprendemos en el curso de nuestra vida cotidiana, de nuestras rutinas, el universo necesita darnos una colleja de vez en cuando para hacernos salir de la zona de confort; porque si estamos cómodamente instalados en la frecuencia a la que nos hemos acostumbrado, no aprendemos.

Sin embargo, cuando entras en la dinámica de ser el observador de tu realidad y empiezas a ver por qué te ocurren las cosas que te suceden, cuando ves que a toda acción le sigue una reacción, empiezas a agarrar el timón de tu propio barco y a dirigir tu vida conscientemente, en vez de ir a la deriva creyendo que el destino es cruel contigo.

Si gozas de conocimiento y sabiduría, no hay ningún motivo por el que debas sufrir. En este caso, si pasas por un proceso de sufrimiento (un cáncer, un accidente, etc.), es porque lo has elegido. Así ha sido en el caso de algunos grandes maestros, que han escogido tener experiencias de este tipo y a la vez han dado una gran lección a quienes tenían alrededor.

Esto lo vivimos cuando vemos a niños pequeños con cáncer a quienes se está tratando con radioterapia o quimioterapia. Recuerdo a una niña muy chiquitina que me trajeron a consulta; estaba sufriendo mucho, pero su sonrisa era permanente. Le hice lo que sé, los toques zen, y cuando terminé me pidió, con su dulce sonrisa, que le hiciera eso también a su madre, que lo necesitaba. Le toqué la pierna para decirle que sí y ella hizo un gesto de dolor. La madre me explicó que le dolían tanto los huesos, a causa de su metástasis ósea, que cualquier roce la hacía sufrir. Pero la cara de la niña nunca perdió la sonrisa; esa pequeña gran maestra estaba preocupada por el sufrimiento de su madre, y no por el suyo propio.

Si quieres salir de la espiral de no creerte dueño de tu vida y de pensar que necesitas que alguien te guíe en el camino, no es necesario que mires afuera. Lo único que deberías buscar en el exterior, en cualquier caso, sería el ejemplo inspirador de alguien a quien admires, en quien veas tu propio reflejo; alguien que te motive a pensar que si esa persona ha podido, tú también vas a poder. Esta persona debería inspirarte a ir hacia dentro, para entrar en contacto con tu propio maestro.

Para alcanzar el estado de sabiduría, paz, armonía y equilibrio solo tienes que buscar algo en tu vida, a cada instante, que te aporte cierta felicidad, un pequeño subidón; algo que te suba la frecuencia. Puede tratarse de algo que te haga reír: el humor es muy importante en el campo de la espiritualidad. Nos cambia la frecuencia de forma inmediata; puede hacer que pasemos de la depresión a la euforia. Pasa algo similar cuando estamos profundamente enamorados: cuando nos encontramos en este estado, no nos preocupa la hipoteca, ni el polvo que pueda haber en los muebles. Nada de esto nos importa, porque estamos relajados y felices. Esta frecuencia, esta vibración, también puede sanar los huesos, el colesterol alto…, todo.

Si te encuentras en la espiral del «pobre de mí, nadie se fija en mí», debes salir de ahí, porque es una dinámica destructiva; las células están vibrando en una frecuencia de dolor, enfermedad, sufrimiento. ¿Qué tienes que hacer para cambiar ese estado? Cada uno tiene su propia fórmula. ¿Qué sabes hacer mejor que nadie? Si sabes cantar, canta. Si sabes contar chistes, cuéntalos. Si sabes dar masajes, dalos. Si sabes construir muletas que sean más cómodas que las mías, ¡yo encantada! Y cuando encuentres tu pasión, échale pasión a la pasión.

Ayer, la música que tocó Robert con tanta pasión me enamoró el alma: me transportó a otra frecuencia, a otra onda; sentí mucha felicidad con cada nota, porque resonaba dentro de mí. Y cuando escuché las ponencias de los compañeros, tuve que agarrarme muchas veces a la silla para no saltar y gritar: «¡Sí, lo estamos consiguiendo!».

Hay que salir de la mentalidad del «no soy nada, no soy nadie». Yo solo era una pueblerina irlandesa, hasta que descubrí que tenía un par de ovarios y me fui de mi país a realizar mi destino, a pesar de tener un cáncer. Cada uno tenemos una canción dentro y la tenemos que sacar; no podemos morirnos sin cantarla. Si no cantas tu canción, te van a preguntar por ella cuando te mueras, y te van a mandar de vuelta.

Yo vivía como una extraterrestre dentro de mi familia; no me parecía que fuese mi gente. Hablaba con mis familiares y no me comprendían. De niña, yo flotaba, literalmente; los viajes astrales eran algo normal para mí. Me sentaba en la taza del váter, y no sé qué tienen los inodoros; creo que son vórtices (risas del público). Ahí es donde recibo mi mayor inspiración. Será que, cuando descargas, esa liberación y enorme felicidad que experimentas eleva tu frecuencia y te conecta con tu Ser. Me han dicho muchas veces: «La has cagado». Para mí, es uno de los grandes placeres de la vida. De niña estaba en el váter y me iba; mi cuerpo se quedaba ahí apoyado y me trasladaba encima de una farola que había fuera de casa. Desde ahí, miraba cómo pasaba la gente, y nadie me veía, obviamente. No regresaba al cuerpo hasta que mi madre, desde la cocina, golpeaba el techo con una escoba y me mandaba bajar.

Cuando uno sale del cuerpo, pierde la noción del tiempo. No sabía si estaba fuera durante un minuto, diez o veinte, o media hora; el caso es que con el aviso de mi madre volvía al cuerpo y bajaba a la planta baja. Mi madre creía que había estado mirándome en el espejo «otra vez». Pero ¿cómo podía explicarle lo ocurrido? En los juegos con mis hermanos, yo flotaba por encima de ellos y no entendía por qué no flipaban con mi arte de volar. Pensaba que no les interesaba, pero yo volaba; para mí era lo más normal del mundo. Cuando empecé a hablar de mis viajes, me dijeron que debía de estar afectándome el asma o el inhalador, de manera que opté por callarme y ahorrarme los comentarios y críticas.

En el colegio, también volaba; en clase de matemáticas, me quedaba mirando la pizarra totalmente ausente. La profesora no entendía qué ocurría, porque parecía que yo no estaba, pero si me preguntaba algo, respondía espontáneamente. Y acertaba, porque me chivaban la respuesta en el otro plano. En caso de que la profesora me pidiese que explicase la solución en la pizarra, le decía que tenía que ir a hacer pis.

Siempre he dicho que soy una «consentida del universo». Estoy aquí de paso y he venido a hacer de niña en un cuerpo de adulto. He venido a disfrutar, a ser alegre, a aprender; soy una especie de laboratorio humano. Me regalé un cáncer a los veintipocos años, y se fue tan pronto como vino. Los médicos me sentenciaron; me dijeron que tenía una posibilidad entre cien de superarlo si no pasaba por el protocolo clínico. ¡Me salió del alma decir que yo era esa una entre cien! Tenía previsto pasar un año sabático en España y ni siquiera un cáncer me iba a retener en mi pueblo de veinte mil habitantes, ¡de los que la mitad son vacas!

Me fui a España porque lo sentía en el alma; lo que no me creía era el cáncer. Más tarde pensé que, en cierto sentido, me había comportado como una inconsciente y una ignorante, pero también debo reconocer que mi actitud de no creerme nada me ha salvado la vida en muchas situaciones. Si mi creencia es que eso que me dicen no es así, porque no me da la gana que sea así, me demuestro a mí misma que tengo el poder de manifestar mi propia realidad. Todos tenemos el poder de manifestar nuestra creencia. Como explico en el libro *Atrévete a ser tu maestro*, tienes que dejarte de historias, dejar de lado todo lo que te han contado sobre ti hasta ahora. Debes desandar el camino andado y adoptar la mentalidad de que si sientes algo, eres capaz de pensar algo y crear algo, eso significa que está en tu programa.

Alinéate con tu sueño; sal del modo de la mente limitante. Si piensas algo, te lo crees, le echas pasión, y le echas pasión a la pasión…, eso se va a manifestar. ¡Luego no digas que ha sido por casualidad! Busca tu fórmula y ponte en el modo «niña o niño inocente», porque está claro el gran poder de manifestación que tienen los niños. Observa qué ocurre cuando un niño de tres años quiere una galleta y la madre le dice que a esas horas no se comen galletas. El niño no para de insistir; le da igual lo que diga la madre. Hasta que hace un berrinche y consigue la galleta. ¡Ve que esta estrategia funciona!

Aunque esa personita sea un niño, es un adulto a nivel multidimensional pero que todavía no sabe comunicarse con el traje de la tercera dimensión como los adultos. Sabe que tiene el derecho de luchar por lo que quiere, busca la fórmula para obtenerlo, aunque implique adoptar una actitud abusiva y manipuladora. Alguien nos dijo cuando nacimos: «Pide y se te dará». Y el niño pide sin parar, de la forma que sea, porque quiere eso y solo concibe que lo va a conseguir.

Y atención: cuando te hayas muerto, seguirás teniendo la misma creencia que tenías en vida. Si crees en los monstruos, verás monstruos. Si crees en el infierno, vivirás la experiencia del infierno. Si crees en los ángeles, verás ángeles. Si crees en el cielo, verás el cielo. *[Como anécdota curiosa, justo cuando estaba pronunciando estas últimas palabras una de mis muletas, que estaba apoyada en la mesa, se cayó, como señalándome que lo que acababa de decir era importante].* (Risas del público al darse cuenta de la causalidad).

Si vives una vida consciente de tu poder de creación, según sean tus creencias (no estoy hablando de creencias de tipo religioso), así será tu muerte. Todo es equilibrio; a toda acción le corresponde una reacción. Si quieres una muerte pacífica, dulce y armoniosa, la puedes crear. ¿O prefieres tener una muerte trágica?

En la charla previa publicada en este libro hablo de los ancianos de una tribu que le piden permiso al jefe para morirse. Cuando este considera que el anciano ya ha completado su servicio a la comunidad, se hace una fiesta y, a continuación, el anciano se acuesta y se va. Esto es morir conscientemente, tras haber cumplido el propósito y función de su programa, hasta el último momento.

Hablo del programa de vida en el libro *El reset colectivo* y en el vídeo del mismo título. Ocurre que si uno vibra en la frecuencia de ser su propio maestro de vida, de ser una persona despierta y consciente, es capaz de crear conscientemente y de cambiar la vida de muchas personas, o, al menos, de influir en muchas vidas.

Si creas este vórtice o espiral de frecuencia, quien esté resonando contigo en una frecuencia similar será absorbido dentro de tu espiral, porque existe la ley en la universidad de la vida (en el universo, en el único verso o única canción de la vida) de que lo símil atrae a lo símil. Me siento atraído hacia lo que me gusta de ti porque lo tengo en mí.

Todos podemos empezar a ser nuestros propios maestros y crear esa espiral basada en el amor incondicional, cada uno con su fórmula, viviendo su vida a su manera, sin meternos en la vida de los demás. Y, atención, una persona despierta y consciente supone un gran peligro, porque puede despertar al mundo entero. Una persona despierta es un peligro para el sistema, para el antiguo mundo. Siempre digo que soy del fin del mundo, «delfín» del mundo. Soy delfín (de los que van por el agua) del viejo mundo, del que queremos cambiar para crear un nuevo mundo.

Descubrí en mis sueños que yo era delfín, porque en sueños me tiraba al agua (como ser humano) y buscaba la superficie. Una vez no pude llegar; entonces pensé que o me moría o me superaba, y descubrí que podía respirar debajo del agua. Cuando subí a la superficie quise decirles a todos que podían respirar debajo del agua, y la gente me miraba como si estuviera loca. Entendí que cada uno debía descubrir por sí mismo que tenía esta capacidad.

He explicado esto como analogía, pero es como lo he vivido. Mi experiencia me sirve a mí, pero puede servirte de incentivo para que busques el delfín dorado que tienes dentro de ti; ¡agárralo de la aleta y navega hasta donde no hay límites! Imagina que no hay límites para lo que puedes hacer. Cuando descubres este poder dentro de ti, te sientas, te relajas y te ríes a gusto de lo mágica que es la vida.

Hemos sido muy valientes para venir aquí con la memoria borrada. Nos han lanzado al océano y nos han dicho: «Búscate la vida. Cuando la encuentres, ya no temerás la muerte, porque sabrás que la vida es todo». Lo que estamos viviendo aquí cuando estamos despiertos, es el sueño; la gran realidad la experimentamos cuando estamos muertos, dormidos o en meditación.

Cuando «te vuelvas un delfín» y comprendas que estás viviendo todo al revés, descubrirás el poder que tienes de dirigir tu propia vida, de la misma manera que puedes retomar el hilo de un sueño en el que Richard Gere te estaba besando y de repente lo interrumpe el despertador, que apagas de un manotazo. «No, no; vuelvo al sueño; Richard, bésame por aquí» (risas). Esto mismo lo podemos hacer en vida, volver a tomar el hilo de nuestros sueños. Los delfines son conscientes las veinticuatro horas, es decir, también durante el sueño. Son los guardianes del planeta. Aprendamos a ser conscientes como ellos, veinticuatro horas al día, todos los días.

Todos somos gotas de un mismo océano, y también somos los delfines. Porque todos somos uno; estamos íntimamente interconectados. Es el momento de escuchar a los niños, que nos aportan mucha información; vienen a darnos la colleja que necesitamos para despertar. Pero el niño más importante es el que llevas dentro, el que te alienta a que te atrevas a ser tu maestro y que no mires fuera, que no gastes mucho dinero y no viajes tanto, pues no hace falta. Basta con que detengas la mente, te relajes y la desprogrames. Es nuestro gran momento. Si tenemos que crear un nuevo mundo juntos, ese paraíso tiene que salir del corazón, del amor incondicional, del trabajo en equipo.

Tengo el sueño de que, entre todos, algún día creemos clínicas en las que se trate al ser humano de forma holística; establecimientos en los que trabajen juntos médicos, psicólogos, practicantes del toque zen, *reikistas* y otras modalidades de sanación, *reseteadores* de la práctica zen, voluntarios, etc. Cada una de estas personas hará lo que sepa hacer mejor en beneficio de todos; se mirarán unas a otras a los ojos, al fondo del alma, sabiendo que ese es el camino. Estas clínicas serán lugares en los que se respirará optimismo y esperanza.

Mientras se va desmontando el viejo paradigma, el vacío que va dejando se llenará con más de lo mismo si no cocreamos todos juntos lo que queremos vivir. Somos poderosos y tenemos la responsabilidad de reconstruir un nuevo mundo a partir de reconocer quiénes somos realmente, de aceptarnos los unos a los otros en la vida y en la muerte.

No hay ni malos ni buenos; solo hay seres humanos más conscientes y menos conscientes, más dormidos y menos dormidos. Pero todos tenemos la posibilidad de alcanzar la sabiduría desde la paz y la calma interior, desde el subidón de felicidad, desde la actualización de nuestra vibración en el presente. Cuando nos desviemos un poco del camino, entremos en el «modo GPS humano» y recalculemos. Soltemos la rigidez y seamos nosotros mismos, quienes somos realmente, CON TODAS LAS CONSECUENCIAS.

Muchas gracias.

AUDIOS DEL DÍA
5 DE MAYO DE 2020

Hoy es el día 5 de mayo, día número cincuenta y tres del confinamiento y, hace un ratito, mientras me estaba duchando, me vino la idea de compartir una experiencia que tuve estando en el sur de Chile visitando la Patagonia. Justo en el lugar que se llama Puerto Natales habíamos conseguido una cabaña preciosa para compartir con las amigas que estábamos ahí haciendo ese viaje juntas. De hecho, era un regalo después del curso zen que habíamos realizado en la ciudad de Concepción y, sabiendo que era el sueño de mi vida visitar a los pingüinos *in situ*, se había organizado esa sorpresa.

Acababa de hacer una meditación con Manuela, una compañera que estaba compartiendo habitación conmigo, y las dos nos habíamos quedado profundamente dormidas hasta el día siguiente. Me desperté muy, muy temprano, llorando y pronunciando mi propio nombre tres veces: «¡Suzanne, Suzanne, Suzaaaanne!». Tal fueron el llanto y la emoción, que en ese momento rebobiné para saber de dónde venía esa sensación de llanto descontrolado. Entonces supe que lo que iba a brotar era una experiencia muy importante y que debía hacer todo lo posible para retenerla en mi memoria, así que al escuchar que Manuela se daba la vuelta en la cama, le pregunté entre sollozos si estaba despierta: «Es que tengo que contarte algo antes de que se me olvide». Ella me contestó que sí, y que estaba lista para escucharme. Se incorporó en la cama y yo le dije: «Mira, Manuela, necesito compartir esto con alguien porque es muy grande».

En ese momento le expliqué que me había visto en un sueño muy lúcido a la edad de más o menos veintiséis años, lo deduje por las circunstancias, el lugar, la situación y mi forma física. Había estado observándome correr por mi pueblo, en Irlanda, acompañada de un chico joven; hacía buen tiempo, había parado de llover. Llevaba un pantalón corto y camiseta de manga corta. Mi pelo era largo, ondulado y lo llevaba suelto. El chico me acompañaba. Yo estaba observando mi forma física, atlética. Con admiración me percataba de la definición de la musculatura en mis brazos y en mis piernas. Recordaba ese pelo largo suelto que volaba hacia atrás con la brisa y con la velocidad del trote. En ese momento, sentí una gran emoción, admiración y amor hacia esa versión de Suzanne y hacia todo el esfuerzo que suponía alcanzar esa forma física para poder correr con estilo y soltura a esa edad, habiendo sido asmática durante la mayor parte de mi vida desde bebé.

De hecho, empecé a mirarme y me sorprendí a mí misma sintiendo la alegría y la felicidad de Suzanne la joven al disfrutar de ese deporte. Y mi impresión era de estar viéndola a través de los ojos de alguien que la amaba mucho, con la emoción que tendría una madre o un padre hacia su hijo. Pero el amor y lo que sentía era todavía más grande. Mientras seguía lo que ocurría, percibí la presencia de algo o alguien a mi lado y ambos observamos la siguiente escena:

De repente, la joven Suzanne, al bajar de la acera para cruzar la calle, pisa con su talón un charco, pues no había calculado la distancia y la profundidad. Lo pisa y se salpica las piernas hasta el pompis. En ese momento, se queda en la acera y se ríe a carcajadas de lo ridículo de la situación y procede a quitar el agua de sus piernas y secarse como puede, mientras el chico joven simplemente observa con una gran sonrisa en la cara.

Acto seguido, me brotó una sonrisa de alegría como diciendo: «Es verdad, es verdad, me acuerdo de ese momento. ¡Ay, qué gracia!». Pensaba mi yo actual, a mis cincuenta y seis años, mientras me veía con treinta años menos y recordaba mi alegría, como si estuviese viendo una película de mí misma. Y de la nada, esa presencia, que estaba a mi lado izquierdo, me pregunta: «¿Quieres saludarla?». Me giré con sorpresa hacia esa figura indefinible. Podría describirla como ternura, amor, presencia, divinidad… No sabría, no podría definir con exactitud lo que era, pero imponía su amor y la sensación que tuve fue la de una niña que mira a la figura de su padre o madre con respeto, como diciendo: «¿De verdad que puedo ir a saludarla?».

Y sorprendida de tener ese permiso para saludarme a mí misma, doy un brinco y, de repente, me encuentro frente a Suzanne la joven y me emociono. La miro con admiración, maravillada. Absorbo con mi mirada las facciones de su cara, sus ojos, sobre todo sus ojos; su pelo largo precioso, voluminoso; su alegría, su sencillez, su inocencia; la frescura de su expresión, sus movimientos al limpiarse. A mi edad actual me tengo a mí misma de joven delante, y alzo los ojos ya que es más alta, para mirarla con la admiración con la cual miraría a mi propia hija. Con esa intensidad la llamo, aun sabiendo que no me puede ver, aunque yo a ella sí, y le digo: «¡Suzanne, Suzanne Suzaaaanne!».

Pronuncio esas palabras lentamente, emocionada, con la voz entrecortada queriendo gritar: «¡Soy yo, yo soy tú, YO SOY TÚ con treinta años más, Suzanne, Suzanne!». Llorando de la emoción. Empezó el llanto: «¡Suzanne Suzanne Suzaaaanne!». Las lágrimas me caían a borbotones de la intensidad del amor que sentía hacia mí misma. De repente, me percibí como sé que lo puede hacer mi Ser, o Dios, o el universo, o el amor universal. Me veía a mí misma como absolutamente, deliciosamente, perfecta a través de los ojos de ese ser. Esa emoción y todo lo que sentía es lo que me hizo despertarme.

Al llegar a esa conclusión de que yo estaba viendo otra versión de mí, treinta años más joven, al mismo tiempo supe que también había una versión de Suzanne con treinta años más, con ochenta y seis años, que estaba observándome ahora con admiración, con amor, con respeto, animándome y transmitiéndome: «Vas bien, sigue adelante, estoy contigo y estamos contigo. No desfallezcas. Queda mucho camino por delante». Esa revelación de la manifestación de mi Ser, de conocerme, de verme, de sentirme como me puede ver mi Ser o Dios, me dio una paz y una calma extraordinarias. Me sentí arropada. Repetí el relato de esa experiencia a mi amiga una y otra vez, con la voz rota de la emoción. Me costó mucho contar la historia sin llorar, y ella lloró conmigo. Finalmente, me interrumpió y dijo: «Suzanne, necesitabas verte; todavía no te habías visto en cincuenta y seis años. Tú haces tu camino y no eres consciente de cómo te vemos, cómo te sentimos, porque gracias a ser como eres, por tu sencillez y humildad, no ves tu propia grandeza».

Entonces pude comprender lo que ella sentía y expresaba con todo el amor y el cariño que me tiene desde hace muchos años; de hecho, nos llamamos *hermanita* mutuamente. Son muchas cosas las que hemos compartido y yo le decía: «siento que tengo que transmitir esto a la humanidad, porque nadie se imagina realmente cuán grandes somos todos y cuán acompañados estamos y cuán dormidos a la vez». Yo he tardado cincuenta y seis años en verme, sentirme como me puede sentir el mismo creador o creadora de este universo y en saber que todo está bien. Y cada uno tiene esa misma grandeza, esa misma perfección. Realmente creo que ese es el mensaje que tenemos que transmitir, y sentir y vibrar, y saber que es la verdad.

Realmente no somos simplemente ese pequeño personaje que hemos creado con el traje que nos identifica en este mundo físico. Aun sabiendo que tenemos un ser o un cuerpo mental, una supermemoria que almacena todo en nuestra existencia más allá de nuestra mente física, que no hace más que simplemente acumular datos y más datos de nuestra experiencia física aquí en el planeta Tierra.

Más tarde, cuando nos levantamos, nos arreglamos y salimos de viaje para ver a los pingüinos en la isla Magdalena, sentí que quería contarle a mi amiga, nuestra gran amiga, Lillian lo que había vivido esa mañana. Con un nudo en la garganta, reviví la misma experiencia entre lágrimas, para compartirlo con ella. De nuevo, nos emocionamos. Y creo que fue un doble regalo: ir y estar ahí entre los pingüinos de Magallanes con mis amigas, y vivir esa experiencia multidimensional, ese regalo cósmico, ese regalo de mi Ser, y saber que todo está bien.

Muchas veces desde entonces, ahora que ya han pasado meses, me imagino a la otra Suzanne de ochenta y seis años animándome cuando me siento triste, me siento impotente o me siento sola. En esos ratitos la saludo y le digo: «gracias por estar ahí». Me da muchas fuerzas y ánimos para seguir adelante. En estos días de confinamiento me ha dado para pensar mucho, reflexionar sobre mi vida; justo también hace no mucho tiempo recibí varios mensajes de alumnos zen que decían lo mismo: «tu vida va a pegar un cambio radical en breve; estate preparada».

Si realmente todo el mundo supiera la grandeza de la humanidad como seres altamente evolucionados, con un poder extraordinario, nadie tendría miedo a la muerte. De hecho, uno de nuestros mayores temores en esta vida es el miedo a estar solo y lo que inquieta a muchas personas a la hora de su muerte es el no saber lo que viene después, la sensación de soledad extrema. O morirse solo, como está pasando ahora con mucha gente durante el confinamiento; personas encerradas en sus casas, enfermas, solas.

Sin duda has de ser consciente de que desde el momento en que naces en este mundo tu ángel de la guarda, si quieres llamarlo así, tu guía, tu acompañante, siempre está a tu lado. Los niños pequeños a menudo dibujan a su ángel de la guarda o hablan de ese acompañante con total naturalidad, hasta que finalmente los padres o sus profesores les dicen que es su imaginación. Pero siempre está ahí, atento a nuestras instrucciones o reclamos de ayuda; siempre está dispuesto a ayudar. Pero si nos hemos olvidado de que existe, de que continúa ahí, pues difícilmente vamos a pedirle ayuda, aunque eso no significa que no esté.

A la hora de nuestra partida de este mundo, nuestro guía o ángel de la guarda tiene la obligación de acompañarnos al siguiente paso. Pero, al mismo tiempo, los familiares fallecidos que, por algún motivo u otro, no se han ido a donde tenían que irse, también acuden a nuestro encuentro. De lo que no somos del todo conscientes es de que ellos también tienen la obligación de unir a la familia, pero primero deberían volver a su programa. No se deberían saltar esa norma, como ley universal, de que cuando te mueres debes salir de tu cuerpo e ir hacia lo que llaman la luz, que realmente es el equivalente de lo que es ir a la fuente. A partir de ahí, eliges o decides qué es lo que quieres hacer para seguir evolucionando.

Pero, por miedo a lo desconocido y por apegos a los familiares, no dan ese paso y se quedan en este plano. Obviamente, cuando esto sucede, en vez de ir con su guía o su ángel de la guarda, irá con otro familiar fallecido, haya ido o no a su programa. Y en vez de estar en otra vibración, en otro nivel, se quedan en la calle con los familiares difuntos que estén allí reunidos y no pueden progresar en su evolución porque, si pasan más de cien días, ya no tienen la capacidad para marcharse por sí solos. Entonces, el guía o su ángel de la guarda ya no puede cumplir con su propósito de llevarlos al lugar que realmente les corresponde.

Por eso ya es hora de que la gente sepa que es necesario tomar conciencia de nuestra parte elevada, evolucionada, espiritual, para poder vivir una vida plena con paz y calma, sabiendo que todo está bien y así progresamos en nuestra evolución para poder llegar a completar lo que es nuestra misión aquí en la Tierra.

Así que una vez cumplido lo que uno ha decidido hacer, lo que ha elegido hacer en su programa de vida, finalmente abandona el cuerpo. La sensación que explican siempre los que se han ido o han vuelto, o a través de regresiones o hipnosis, y han podido recordar esa experiencia de otras vidas, es la de tener la sensación de estar en un túnel, que es realmente un agujero negro, como los del universo, a través de los cuales pasamos a diferentes lugares sin tiempo. Es nuestra manera de viajar fuera del cuerpo. Entonces entramos en un agujero negro y se ve esa luz al final del túnel; el túnel sería el agujero negro. Como en las películas, se trata de un *Stargate*, un portal. Se puede llamar la fuente, la luz, Dios, el nirvana, el cielo, el paraíso, como se define en otros lugares. Es salir de las dimensiones tercera y cuarta, y entrar en ese lugar donde no existe la dualidad o la polaridad como las conocemos aquí. El yin-yang de las cosas; polo positivo, polo negativo; las diferentes maneras de experimentar los opuestos en la vida.

Por lo general, los occidentales desconocen la muerte como una expresión de su parte más elevada, su parte divina y multidimensional. Si una persona no tiene creencias religiosas, puede pensar que viene a este mundo, vive una vida y muere, y ahí se acabó todo. Pero cuando aprendemos a vivir conscientemente podemos transformar ese acto de morir en algo apetecible, por decirlo de alguna manera, una celebración del final de una vida, de una experiencia física, y con ausencia total de miedo.

De hecho, una de las mejores maneras de irse es simplemente dormir y no despertarse. Todas las noches cuando dormimos y soñamos salimos de nuestro cuerpo, viajamos por el universo a través de esos agujeros negros y estamos en continuo contacto con esa otra parte de nuestra existencia que es la parte multidimensional: nuestra familia cósmica, nuestros seres queridos fallecidos en distintos planos, los que han evolucionado en su experiencia, que llamamos muerte, a otro lugar, que llamamos nuestro hogar. Lo que mucha gente no sabe es que hay almas perdidas que se han quedado en otra dimensión, iguales que nosotros pero sin cuerpo físico y que no saben ni siquiera que están muertos, al igual que le pasa al protagonista de la película *El sexto sentido*.

Cuando una persona sale de su cuerpo a la hora de su muerte, lo primero que puede sentir es el frío. El cuerpo se apaga, el corazón deja de latir, deja de circular la sangre. El cuerpo mental abandona el cuerpo físico. Esa persona literalmente se levanta de su cuerpo y puede mirar atrás y verse tumbado en la cama. Siente un alivio muy grande de no padecer enfermedad ni sentir dolor. De hecho, se expresa que uno se siente libre y feliz de cualquier sensación de opresión en el cuerpo y se produce ese gran alivio. En ese momento debería seguir adelante, seguir a su guía o a su ángel de la guarda y seguir hacia la luz.

De hecho, cuando tengo la oportunidad de acompañar a alguien que sabe que su muerte es inminente, yo le transmito: «cuando sea tu momento, no mires atrás, no mires hacia atrás; siempre mira hacia adelante, ve hacia la luz». Porque si miras hacia atrás, ¿qué va a pasar? Verás a los doctores, verás a la familia, verás a tus hijos, verás a la pareja, verás a todo el mundo llorando y sintiendo tu pérdida y esa sensación de dolor, de desesperación. Quizás los vas a ver llamándote por tu nombre: «no te vayas, quédate conmigo, no me abandones». Esto es lo que va a hacer que dudes de avanzar hacia esa luz. Ese es el mismo apego que va a retenerte porque realmente, al fin y al cabo, si los que se quedan tuviesen conciencia de tu liberación y de tu paz y de que puedes progresar en tu evolución sin ellos, físicamente, estarían celebrando tu partida. Y sería simplemente un «hasta luego», que es como debería ser.

Así fue mi experiencia cuando supe de la muerte de mi madre por sus infartos; mi propio egoísmo me hizo sentir que yo quería seguir disfrutando de sus abrazos y, a la vez, como hacía mucho tiempo, meses, que no la había visto, no concebía no poder despedirme de ella. Como expliqué anteriormente, quizás la conversación que tuvimos le hizo tomar la decisión de quedarse todavía un tiempo más.

Y aquí hay un dato muy importante: incluso después de morirnos nada es definitivo pues podemos elegir si volvemos o no volvemos, porque nuestro programa incluye un contrato que hemos *firmado* antes de venir a esta vida física. Un pacto con nosotros mismos y también con las demás personas que están interactuando en nuestra vida. Y ese pacto es como crear una gran obra de teatro, y tú eres el guionista de tu obra de teatro, y tú eliges las escenas que quieres vivir e incluyes a las personas que van a participar.

Pero ellos también han creado su propia obra de teatro en la cual tú participas e interactúas con ellos, y así estamos todos íntimamente relacionados. También existe el libre albedrío, por eso cuando decidimos nuestro programa de vida lo mantenemos muy flexible. Es parecido a jugar a la *Game Boy*, que permite múltiples posibles finales, pero siempre hay un tope, un límite. Tú programas tu vida y decides que, pase lo que pase, la máxima edad posible va a ser, por ejemplo, noventa y dos años, tres días, cuatro horas y tres segundos; es el tope máximo final de tu vida. Pero si haces tal cosa o eliges tal estilo de vida, o practicas deportes extremos, o tienes un trabajo peligroso, corres el riesgo de tener una muerte más temprana. Entonces, todo se convierte en un programa hipotético. Si hago esto pasará tal cosa, pero si tomo una decisión y elijo otro tipo de actividad, pues no pasará lo que habría pasado si hubiese elegido una distinta.

Es decir, interactuando con todos, tomando decisiones desde nuestro libre albedrío en el día a día, se conseguirá que el programa se desenvuelva de una manera u otra y también elaboramos este programa de acuerdo con experiencias que hayamos tenido en otras vidas y teniendo en cuenta las deudas acumuladas y karmas que se han ido sumando en otras vivencias y experiencias con distintas personas... Pues en esta vida, dependiendo del tipo de programa que hayas elegido, vas a tener diferentes resultados y diferentes finales según cómo vayas eligiendo sobre la marcha dirigir tu obra de teatro.

El tema del programa y el karma es muy sofisticado, y por eso lo expliqué más extensamente en el libro *El reset colectivo*, que fue el primero que escribí. En él están las claves sobre cómo dirigir tu vida de forma consciente y cómo aprender a hablar y pensar en positivo. Ser conscientes de que somos como ordenadores o computadoras biológicos, programando lo que queremos vivir en nuestra vida consciente o inconscientemente. Pero cuando tomas conciencia de lo que piensas, lo que imaginas y lo que dices, se produce la manifestación delante de ti. Otra cosa es que sepas relacionar lo que has pensado con lo que has manifestado.

Y en ese libro también hablé de la herramienta de «cancelar»: cuando te vuelves cada vez más consciente, empiezas a cancelar y rectificar en tiempo real tus errores de palabra o pensamiento. Por ejemplo, si yo digo: «hoy tengo un examen muy importante, no me siento preparada y lo más seguro es que suspenda el examen», si somos cocreadores de nuestra propia experiencia y eso lo siento, lo pienso, y lo expreso, lo más seguro es que lo voy a manifestar. Entonces, si yo soy mi propio programador, lo que haría ante mi ordenador sería: «¿realmente yo quiero que eso pase? Va a ser que no». Por tanto, borro. En ese caso diría: «Cancelar. Me siento preparada y ese examen está más que superado». Y me imagino, me visualizo, le echo emoción positiva a ese dato de que hecho está. Si voy a ese examen, la programación será muy diferente y lo más seguro es que estaré muy relajada y lo aprobaré porque tendré paz en la mente, claridad mental, y recordaré mucho mejor lo que es el contenido.

Por eso es muy importante incluso que uno se prepare para su muerte y la única manera de prepararse uno para su muerte es prepararse para su vida. Nos preparamos cada día nuestra rutina, pero al mismo tiempo debes ser consciente de que la vibración de lo que tú estás creando cada día es la vibración que te llevarás a la tumba. Si creas una alta evolución, tendrás una muerte en alta evolución. Vives en paz, morirás en paz. Necesitas tener paz en tu mente, paz en tu sistema nervioso, paz en tu cuerpo físico y paz en tu espíritu. ¿Cómo vas a morirte en paz si no estás en paz contigo mismo y en paz con las personas de tu entorno?

Por eso es muy importante no acumular malos rollos, rencores, envidias... Y si vives en la vibración de vivir y dejar vivir a los demás, vivirás en paz y el día que te toque marchar puedes irte diciendo simplemente: «lo he hecho lo mejor que he podido, he procurado hacer el bien; he procurado llevar una vida saludable, ayudar a los que me han pedido ayuda y dejar una profunda huella en este mundo, al menos en los corazones que he tocado a lo largo de mi paso por la experiencia física como ser humano en el planeta Tierra».

Dejar buenos recuerdos o al menos poderte ir en paz diciendo: «lo he hecho lo mejor que he sabido». Nadie está libre de pecado, nadie está libre de errores. Estamos en un proceso de continuo aprendizaje. Pero de la misma manera que no debemos juzgar a los demás, tampoco debemos juzgarnos a nosotros mismos por nuestros errores. Ser humano en esta experiencia no es nada fácil. De hecho, se podría comparar a estar en una escuela de continua evolución. Las pruebas te las pones a ti mismo, y para ir evolucionando a veces hay que repetir la misma lección una y otra y otra vez hasta que finalmente se aprenda de los errores y así puedes pasar página y prepararte para la siguiente lección.

Es muy importante entrenarse para morir y tener muy claro, muy claro, que cuando llegue ese momento tu cuerpo se apaga y tú sigues adelante. Si tienes a alguien que está a punto de morirse o ves que está cerca su muerte, aunque no lo sepa, es muy fácil entablar una conversación y preguntarle qué es lo que necesita para su propia paz; si queda algo pendiente, necesita atar cabos en su vida, necesita hablar con alguien, necesita expresar algo, si tiene algún sueño sin realizar, si le apetecen abrazos o le apetece silencio, le apetece rezar, le apetece ver una buena película... Lo que sea para poder luego en algún momento decirle: «gracias por haber sido tan buena madre o padre, soy feliz, me siento muy agradecido por todo lo que he compartido contigo y he aprendido un montón de cosas nuevas y me siento afortunado; sobre todo, gracias por darme la oportunidad de ser yo mismo o yo misma estando contigo». Porque uno de los mayores regalos que alguien te puede dar es permitirte que tú puedas ser tú mismo en su presencia.

Y que sepa que está bien, que cuando quiera marcharse puede irse en paz. Pregúntale si hay algo que puedas hacer por ella cuando ya no esté. Por ejemplo, te pueden pedir: «vigila o vela por mi hija, que puede que lo pase muy mal cuando yo ya no esté, cuida de ella». Así le das esa paz y esa tranquilidad. Luego dile: «cuando te marches, no mires atrás». Y mételo en su cabecita hasta que quede casi como un mantra: «cuando te vayas no mires atrás, sigue adelante, no mires atrás, no mires atrás, vete hacia la luz. Porque una vez que ya estés ahí, vas a atravesarla y te vas a encontrar con tus familiares, te vas a encontrar con ese hogar que dejaste hace mucho tiempo y ya nos veremos ahí; vas a ver a tus mascotas, vas a disfrutarlas de nuevo. Lo más importante es que no mires atrás para que no se te corte el paso, y así avanzarás con seguridad y en paz».

Cuando acompaño a alguien que va a morir, siempre busco y transmito ese mensaje para que se le quede muy grabado en su programa de fin de su obra, de su existencia física con el cuerpo actual que no deja de ser simplemente su traje.

Tal como crees, creas. Hay muchas personas que no quieren morir por miedo al infierno. Han llevado una vida de malos hábitos, de muchos conflictos, han cometido errores, han hecho mucho daño y a la hora de morirse no tienen paz. Si en sus creencias les han hecho pensar que van a quemarse en el infierno durante toda la eternidad... Recuerda: si lo crees, lo creas.

Lo que temes lo atraes. Vida inconsciente, muerte inconsciente. Debes entender que a la hora de tu muerte lo único que cambia es que dejas de tener un cuerpo físico, pero tu vibración continuará siendo la misma y tu mentalidad y tu personalidad también. Nada más cambia. Cuando uno se muere se vuelve consciente de lo que es la ley cósmica, las leyes universales, acción-reacción; de repente, te das cuenta de las lecciones que se han repetido a lo largo de tu vida para que aprendieras. Se hace evidente la ley del karma dentro del contexto de tu vida, durante la cual se han ido sumando todas esas cosas que has ido realizando de forma inconsciente. A la vez te vuelves consciente de que necesitas paz para evolucionar, pero no sabes hacia dónde ir para encontrar esa paz.

En muchas ocasiones esas personas fallecidas, arrepentidas por sus errores, y en busca de su paz, irán a lugares sagrados con la esperanza de que haya alguien que pueda rezar de verdad, con toda su alma, por las almas perdidas. También pueden acudir a maestros o personas que mediten y creen una alta evolución a través de una alta vibración, y pedirles ayuda para aligerar su gran peso de esa vibración que han llevado desde su vida hasta su muerte.

A partir de la muerte se levanta el velo del misterio de la existencia, de la cual eras consciente antes de nacer. Pero si tu mentalidad estaba aferrada a tu condicionamiento y a tu programación de tu vida física, no querrás ni podrás ver más allá de esa programación y seguirás sufriendo hasta que finalmente algo, o alguien, haga cambiar esa vibración en el más allá. Entonces, hay varios pasos que según tu vibración te llevarán a diferentes estados, si puedes progresar con tus acompañantes en la muerte. Aquí está la lección de «lo símil atrae a lo símil»: los drogadictos se juntarán con drogadictos, los borrachos se juntarán con borrachos, los violadores buscarán otros violadores y así es como se agrupan por vibración, y eso es más fuerte todavía que el vínculo familiar.

De hecho, una persona fallecida se moverá a la velocidad del pensamiento. No se quedan siempre en el mismo sitio. De todos modos lo más habitual es que se queden en el lugar donde fallecieron, aunque se agruparán. Existen personas con una alta evolución en este planeta gracias a su intenso trabajo espiritual a través de sus meditaciones y prácticas. Son conscientes de la existencia de esas almas y de cómo se agrupan. Y desde el amor incondicional, creando alta vibración, pueden ayudar a elevarlas a su destino final. Dichas almas reconocen esa vibración y aceptan hacer ese tránsito.

Tenemos la experiencia de casi treinta años trabajando a ese nivel, viajando por el mundo, visitando lugares donde ha habido guerras, donde ha habido suicidios, hambre y muchos conflictos. Lugares como leproserías, o también puntos negros donde los accidentes mortales son habituales, ciertos lugares, donde típicamente se agrupan ese tipo de vibraciones. Las almas que se han juntado ahí han podido reconocer la vibración gracias a un trabajo de voluntarios que rezan o meditan para su liberación. Ese trabajo ha ayudado a esas almas a marcharse libremente de este plano.

Todos tenemos esa semilla dentro de nosotros que forma parte de nuestra esencia, del todo, de nuestra parte sagrada, elevada, evolucionada y divina, que a partir de su germinación produce el cambio de conciencia. Entonces, ya no te limitas a lo que es el amor hacia la familia, el amor hacia la pareja, el amor hacia tu pueblo, a tu ciudad o a tu país, o a tu continente. Brota una explosión de amor universal, el amor hacia tu familia cósmica, incluyendo a la humanidad. Ya no hay separación, ya no ves división. Amas a las plantas, amas a la naturaleza en general, su flora y su fauna, y a todos los habitantes del planeta. Expandes más allá de lo que es este planeta en el sistema solar, permitiendo a tu mente abarcar la magnitud del multiverso.

Creo que todos conocemos la frase «como es arriba es abajo». Al igual que existe un sistema de chakras, que podemos contemplar como nuestros propios agujeros negros, asimismo existen los agujeros negros del multiverso: está todo conectado. Somos tan pequeños como seres humanos y tan grandes como seres espirituales. Hay que despertar al recuerdo de quiénes somos realmente.

En este momento, estoy recordando algo que me sucedió en un curso al que asistí en la ciudad de Rosario (Argentina), viví una conexión preciosa con un señor desconocido para mí; pudimos recordar quiénes fuimos en los tiempos de la Atlántida. Poco tiempo después, falleció. La misma noche de su muerte se presentó al lado de mi cama y me dio este mensaje: «Morí en paz sabiendo que mi alma conocía su destino» (esta es la traducción; curiosamente, a pesar de ser argentino me transmitió el mensaje en inglés).

Me causó un gran impacto emocional oír ese mensaje, porque mientras me lo estaba transmitiendo sentí la vibración del recuerdo que tenía de él como familiar mío (un señor mayor) en la época atlante. A la vez, me sentí agradecida por el hecho de que hubiese venido a despedirse de mí cuando apenas habíamos podido conversar sobre lo que compartimos en esos tiempos.

Recuerdo que, en el curso, se levantó para hacer una pregunta, con gran dificultad debido a una traqueotomía. Mientras hablaba, no pude parar de llorar, porque sentí lo que habíamos vivido en aquella era. Después nos dimos un abrazo enorme, le conté lo que me había pasado y nos miramos a los ojos. La mirada fue tan penetrante que el cuerpo físico dejó de existir; nos transportamos a aquellos tiempos y pudimos abrazarnos sabiendo que ese reencuentro ya estaba pactado dentro del programa de ambos. Habíamos planeado volver a coincidir en esta vida y así fue, aunque el encuentro duró poco tiempo.

Como ya he dicho, lo que crees lo creas. Debemos tener mucho cuidado con las creencias que asumimos a lo largo de la vida, porque nos las llevaremos a la muerte. Por ejemplo, si eres un criminal y te mueres creyendo que te mereces por tus actos ir a lo que tú entiendes como el infierno, así será para ti. Pero si has llevado una vida más o menos razonable y tienes la creencia de que existe un cielo, un paraíso, y no miras atrás, entonces progresarás hacia ese lugar que imaginas. Y tal como te imaginas tu paraíso, así será; y cada uno según su creencia o según su religión, o según lo que les hayan explicado desde niños, así será su cielo.

Ahí uno se encontrará con sus familiares y sus mascotas y amigos. Y vivirá la experiencia de paz y armonía y felicidad, al igual que la visión que transmite Chico Xavier en su película *Nuestro hogar*. Recomiendo a todo el mundo que la vea; cuando yo la vi por primera vez me emocionó, porque ese es el recuerdo exacto que yo misma tengo de antes de nacer en este mundo. Así que, si te quieres imaginar tu cielo con una casa preciosa con jardines, lagos, mar, montaña, música, baile, rodeado de flores, plantas, árboles..., un lugar paradisíaco, como en la película *Más allá de los sueños*, así será tu hogar.

Pero cuando llegues ahí a través de tu viaje a lo largo de tu muerte, habrá un lugar en el camino en el que te vas a reunir con un grupo de personas evolucionadas, que se llaman *los doce sabios*. Ellos te harán ver *la película* de toda tu vida. Verás la secuencia de todas las cosas que has hecho a lo largo de tu vida, algunas maravillosas y otras que te harán sentir mucha vergüenza; verás tus errores, verás esos momentos de rabia, de descontrol; nadie te va a juzgar, pero tú vas a querer remediarlo. No es nada fácil aceptar que te pongan delante cada detalle de todo lo que has hecho mal, con la única finalidad de que te autoevalúes. ¿Cómo quieres diseñar tu próxima vida? ¿Qué quieres? ¿Una vida más fácil? ¿Quieres una vida de más relax? ¿Quieres disfrutar de una historia de amor? ¿Quieres trabajar duro? ¿Ofrecerte para llevar un mensaje a la humanidad? Y en cuanto al karma, ¿prefieres pagar poco, mucho, o muchísimo? Tú eliges.

Por supuesto, tú mismo diseñas y eliges con quién quieres pasar tiempo. Esa persona a quien has hecho muchísimo daño, piensas: «Mira, para la próxima vida, elijo a esa persona y nos vamos encontrar como familiares o como pareja, o quizás se me presente como un hijo con una minusvalía del que tendré que hacerme cargo durante toda la vida». Entrega en servicio con amor. O vas a asumir mucho más karma y tener una vida muy dura. Aun así, el trabajo de esos sabios es aconsejarte porque necesitas dar un paso más; ellos, como ya están en una evolución más elevada, van a ofrecerte orientación y asesoramiento. Sus sugerencias no serán imposiciones, solo recomendaciones, por ejemplo: «Creo que has asumido demasiado para esa vida». Y tú eliges, siempre eliges tú. «Da igual, da igual, quiero pagar mucho y de golpe».

El libre albedrío, tu libre albedrío, siempre está por encima de todo. Puede que en esta vida hayas elegido pagar mucho karma o hayas elegido una vida con menor carga y mayor disfrute. Este planeta realmente es un paraíso, es un lugar de gran privilegio en todo el universo en el que solo pueden estar, en un momento dado, un cupo máximo de personas. Si hemos elegido pasar este momento en el planeta Tierra, con todo lo que está pasando en este tiempo de transición, realmente somos seres muy, muy, privilegiados. Porque al igual que nosotros como raza, humanidad, estamos evolucionando, todo el sistema solar también está en el mismo proceso, como expliqué en el libro *Despertad, humanos*. El sistema solar está experimentando su propia evolución en esta parte del universo, que a su vez está progresando dentro del multiverso. Como humanidad nuestra evolución debe acompañar a la del sistema solar, y para ello contamos con toda la ayuda y el apoyo de nuestros hermanos cósmicos para garantizar que este proceso se siga favorablemente.

Así que lo que está pasando ahora a nivel general forma parte del plan mayor, el gran plan en que la humanidad se despierte a la realidad de quiénes somos realmente y dónde encajamos en esta gran re-evolución a nivel universal. Todo se verá. En estos momentos de confinamiento y relativa calma solo estamos en el inicio de esta transición que progresará a mayor velocidad en la evolución del sistema solar. Ahora, desde la calma, con estos cincuenta y tres días que llevamos, hemos tenido tiempo para estar con la familia, para observar cómo todo se va revelando, sobre todo el gran *destape* de la manipulación que ha habido de la humanidad hasta ahora. A pesar de haber estado viviendo en la inopia total, los seres humanos están empezando a ver cómo se está desmontando todo a nivel político, a nivel de lo que ha estado pasando siempre detrás del telón y en el gobierno a la sombra. La gente, al tener más tiempo para navegar por Internet y comunicarse por las redes sociales, está más atenta a lo que algunas personas muy valientes están exponiendo. Estamos comunicándonos a través de las redes más que nunca en toda nuestra existencia, a pesar de que cada uno está en su casa. Eso da pie a que la gente piense más, cuestione más y valore más las cosas que son más importantes en la vida. Nunca he visto a tantas personas de repente cuestionar el sistema y esto es maravilloso. Cuando antes vivíamos más en la ignorancia, pensábamos que las cosas estaban mejor, y ahora como humanidad estamos dándonos cuenta de que hemos sido totalmente manipulados y engañados durante demasiado tiempo, y la gente empieza a sentir mucha rabia y surge la necesidad de unirse y luchar por sus derechos como seres humanos.

Por eso tienen tantas ansias y tanto anhelo de recobrar su soberanía, recobrar su libertad y el poder de la unión. Como exponen, por ejemplo, David Icke y el doctor Rashid Buttar invitándonos a abrir los ojos, a discernir y ver cómo nuestro poder está en la unión. Nos explican la realidad, nos invitan a cuestionarla y nos empujan a unirnos y ser la mente colectiva que toma las decisiones por encima del uno por ciento que cree que manda sobre la humanidad entera. Estoy disfrutando de ver este despertar colectivo en la medida que se va destapando todo, y realmente se va a dar la vuelta a todo. Y los que pensábamos antes que eran los malos, eran en realidad los buenos de la película, y los que creíamos que eran los buenos serán los que realmente nos han engañado tan tan bien que nos habíamos dejado llevar por sus ideologías cuando realmente era todo una gran mentira. Si esta situación ha llegado hasta este punto es porque lo hemos permitido; si entendemos cómo funciona el universo, nadie nos puede manipular si no le damos permiso.

Así asumimos nuestra responsabilidad ante lo que se despliega frente a nuestros ojos.

Y luego eso nos llevará a dar otro paso, a preguntarnos: «¿Pero esto es un sueño o es real, es un sueño o es una ilusión? ¿Qué es real y qué no es real? ¿Quién es real y quién no es real? ¿De dónde venimos, quiénes somos y hacia dónde vamos?». Y cuando a un colectivo de seres humanos se les lleva al límite, ya no les queda otra que unirse y actuar, es cuando finalmente van a descubrir el gran poder que tienen. Y hacia ahí vamos.

Pero, lamentablemente, como el rebaño ha estado tan dormido y tan hipnotizado y tan anestesiado a través de sus cinco sentidos, su mente ha sido absorbida completamente por la tecnología y la ilusión. Se había llegado a tocar fondo, el fondo del pozo de la amnesia colectiva, que necesitaba llegar a tal extremo para que la gente se plantee: «¿qué hago aquí? ¿Qué es esto? ¿Cómo, que van a hacer qué? Yo no voy a aceptar que me impongan un estilo de vida que no esté en sintonía con lo que sienta mi alma».

Y hacia ahí vamos, pero hay que comprender la vida para comprender la muerte. Cuando uno pierde el miedo, ya no teme a la muerte. Cuando te conviertes en cocreador consciente de tu vida, nada de lo que ves ahí fuera es real, sino una proyección que tú ves a través de tu prisma, que no es más que un reflejo de tus miedos y tus pensamientos de lo que tú proyectas desde tu proyector interno y se manifiesta en el exterior, y en cualquier momento puedes cambiarlo todo. Pero la fuerza de la conciencia colectiva se convierte en la manifestación del miedo colectivo. No hay nada que temer, solo prima la necesidad del despertar colectivo.

Quienes han vuelto y han vivido la experiencia de estar ante la revisión de su vida, luego lamentan las cosas que hicieron mal y los momentos en que se portaron mal con algunas personas. Por eso les brotan el sentimiento de querer arreglarlo y las ganas de volver a ajustar ese desequilibrio en su programa. Pero eso es el juego, el juego de esa gran obra de teatro que al fin y al cabo es un juego. Aunque es un sueño, lo vivimos como si fuera real, como cuando vemos una obra de teatro o una peli y decimos: «Es que me parecía como si estuviese realmente ahí, parecía todo tan real, incluso las emociones expresadas». Pues es lo mismo, estamos aquí inmersos en una gran obra de teatro, en un gran juego, una obra virtual que vivimos con tanta intensidad a través de nuestros cinco sentidos que nos resulta impensable que no sea real.

Pero no somos el cuerpo físico; somos esa otra parte interna que viaja más allá de ese cuerpo físico. Y hay personas que ya han hecho lo que tenían que hacer, han comprendido su vida, han compensado esos karmas y deudas que tenían pendientes y, por tanto, pueden entrar en una alta evolución. Su mayor deseo ya no es venir a arreglar y ajustar karmas y deudas que tenían pendientes; esta vez han decidido volver al planeta Tierra a ayudar a transmitir una nueva conciencia para colaborar con el despertar de la humanidad a través de lecciones de maestría, limpieza, sabiduría, purificación y escuela de vida.

Tuve la experiencia de viajar con mi cuerpo mental a otro lugar elevado del universo que es donde progresan esos maestros que vienen a aportar sabiduría y a crear maestros en la Tierra a través de sus enseñanzas, para que a su vez esos nuevos maestros inspiren a otros seres humanos a descubrir su propio maestro dentro de ellos mismos. Ese es otro lugar donde uno puede progresar; si desde el amor universal elige seguir progresando en una alta evolución, ese lugar puede ser su escuela o, como lo llamaba yo, su «Universidad».

En la experiencia que yo viví me encontraba en una especie de autocar muy grande, en el que había un conductor y en el que solo viajábamos una señora y yo. En un momento dado, esa mujer a la que no conocía de nada se levanta y se acerca y me entrega una tarjeta en la que ponía «OMNI Masters» y justo debajo «London» (o sea, Londres en inglés).

Ese autocar no era tal en realidad pero en el sueño sí lo parecía; y a continuación, aparezco en un lugar similar a un anfiteatro redondo, con gradas muy, muy altas, con un escenario circular abajo en el fondo. Todas las gradas estaban separadas por escaleras para subir y bajar y en mitad del escenario había un maestro que daba lecciones. Todos los que allí estaban tomaban apuntes y aprendían del discurso de esa persona.

Curiosamente, cada sector del anfiteatro se dividía según diferentes temas (ciencia, arte, literatura, tecnología...). En esa visita me encontré con un amigo llamado Aaron, que hoy en día es músico, y los dos teníamos exactamente el mismo sentimiento de regresar a la Tierra y unir nuestros conocimientos para crear algún proyecto de ayuda humanitaria, utilizando nuestros dones y talentos para favorecer la evolución de la humanidad. Recuerdo que los dos, mientras subíamos las escaleras después de habernos encontrado ahí, dijimos: «Buscaremos nuestra manera». Nos hablábamos en inglés. Ahora seguimos en contacto. Él sigue con su escuela de baile y música, y es muy bonito podernos hablar porque desde nuestro encuentro en ese lugar en London somos como colegas o hermanos.

Cuando yo estaba en Barcelona, hace muchos años y mi hija era muy pequeñita, tendría unos tres o cuatro años, él tomó el curso zen conmigo y recuerdo que durante todo el curso lloraba, se emocionaba, y ni él mismo sabía por qué, pero su alma sí reconocía esa enseñanza, esa sabiduría que él ya llevaba dentro de sí mismo. Su corazón se abrió y su alma se despertó a esa emoción. Su padre fallecido contactó conmigo durante esos dos cursos y me pidió que transmitiese a sus cinco hijos —los hermanos de Aaron también estaban tomando los cursos— que nunca olvidasen la parte espiritual que él les había transmitido como gran maestro, por mucho éxito que tuviesen con su música y su baile. Aaron me dijo que para su padre era muy importante que siguiesen el camino espiritual que les había enseñado desde pequeños a todos ellos.

Ese sueño lo tuve cuando mi maestro todavía estaba en vida. Le comenté la experiencia y pudo confirmar que efectivamente es así, pero lo que más me chocó fue que el nombre del lugar fuese London, OMNI Masters en London, en el universo. Así que eso fue una revelación para mí y me di cuenta de que todos tenemos la posibilidad en esta vida de despertar a ese maestro que está dentro de nosotros mismos, a un paso. De hecho, en nuestra propia enseñanza de los cursos zen, el mensaje es que aprendes a ser tú mismo, a ser quien eres tú realmente. Sé tu propio maestro y el maestro de tu vida, no hace falta seguir a otros. Esa automaestría forma parte del proceso por el cual hemos venido aquí: el despertar de nuestro propio maestro interior.

Recuerdo una mañana en que acababa de despertarme y mi hija, que en aquel entonces debía de tener cuatro o cinco años como mucho, vino a mi cama. Como solía hacer, se metió dentro y se acurrucó bajo las sábanas conmigo. Pero ese día, lo primero que me dijo fue: «Yo también quiero ir a ese colegio al que tú vas todas las noches». Me llamó mucho la atención, porque yo siempre le decía a mi maestro: «No sé por qué, pero siempre sueño que estoy en una universidad por la noche».

También le contaba que en la clase en que peor lo pasaba era la de dirección de escena, donde nos enseñaban a dirigir obras de teatro. Yo siempre pensaba que si estuviera yo misma en el escenario no sabría si sería capaz de recordar todo el guion. Siempre en las clases me decían: «ya sabrás el guion cuando tengas que estar en el escenario», y mi propia impotencia me decía: «¿Y si no me acuerdo del guion? ¿Y si tengo que dar todo ese discurso y no me acuerdo?». Y lo pasaba mal, porque yo tenía libretas y libretas de guiones que me habían pasado, y debía saber transmitir todo lo que había en ellos.

Finalmente, mi trabajo en esta vida, o la mayor parte, consiste en estar en escenarios y transmitir sin guion; sin guion en mano. En realidad, se trata de canalizar y transmitir la sabiduría y las enseñanzas que pude adquirir en OMNI Masters, confiando en que la información ya está dentro de mí y según el momento del trabajo y lo que toque hacer o transmitir, esa información ya surgirá sin tener que pasarla por la mente.

Todos venimos con la preparación necesaria para hacer cada uno lo que tenemos que hacer, sin compararnos, sin envidiarnos; aportando cada uno lo que le corresponde aportar. Entonces, ¿qué hay que temer? Todos somos absolutamente únicos e irrepetibles y tenemos que estar ahí para apoyarnos los unos a los otros en los momentos en que corresponde hacerlo, como gran colectivo, y cuando toque marcharse tendremos la misma ayuda y apoyo para volver a casa. Solo tenemos que recordar que traemos mucho amor de esa fuente, del lugar desde donde salimos, y que tenemos que repartir ese amor y mirarnos sin hacer distinciones. Y además compartir todo lo que traemos de regalo, lo que nos hace tan únicos y exclusivos cada uno, para que nuestra experiencia de paso por la

Tierra sea también lo más agradable posible. Y recordar que en ningún momento estamos solos.

A lo largo de tu existencia puedes escribir tu propio libro de la vida, apuntando tus sueños, tus anhelos, tus deseos, tus ideas, tu inspiración. Al fin y al cabo, no hay nadie que te vaya a juzgar ni a castigar. Tú escribiste tu guion, tú te vas a juzgar a ti mismo en el buen sentido de la palabra *juzgar*.

Pero ¿por qué los seres humanos se hacen daño los unos a los otros? Aquí en la Tierra, puedes convertir este lugar en tu paraíso o en tu infierno. Tú eliges. A veces eliges acumular demasiadas responsabilidades porque quieres pagar tus karmas demasiado deprisa y quizás te falte humildad para pedir ayuda para poder cumplir con tantos trabajos y tareas que has ido acumulando. Pero no puedes recordar tu programa; naciste habiéndolo olvidado y solo vas recordando sobre la marcha.

De hecho, ¿por qué olvidas desde que naces? Porque no sería ninguna prueba si ya supieras las respuestas. Hasta en el mismo momento que eliges morirte, eliges volver o continuar con tu muerte. Recuerdo que después de su experiencia de la muerte, mi madre nos contó lo a gustito que estaba ella en el otro lado sin dolor, sin sufrimiento, siendo libre para volar, y nos ordenó: «la próxima vez que me pase esto, a mí no me traigáis de vuelta». Pidió que nunca más la volviesen a resucitar porque ahora, habiendo estado al otro lado, ya sabe que dentro de su programa la próxima vez será la definitiva.

Así que, libre albedrío; nadie te impone nada, tú eliges. Es curioso que muchas veces cuando una persona muere y está preparada, sabe que su programa ha finalizado y ya toca irse, pero la familia no está lista. Todos permanecen alrededor de la cama, hablando, acariciando, besando y no le dejan que se vaya, están pendientes de cada respiración. Es curioso que cuando justo no hay nadie a su lado, porque posiblemente han salido para contestar una llamada y para no hacer ruido, o se han levantado para ir al baño o han bajado a buscar un té, cuando se ha quedado finalmente sola, esa persona se va, se muere. Se va como diciendo: «Ya me puedo ir, no hay nadie mirando, me voy». Se va con una gran sonrisa dibujada en su cara. Eso es algo muy típico.

Muchos padres no entienden por qué hay niños que mueren. No entienden la razón de algo tan cruel como que un ser tan pequeño e inocente se muera. Pero eso también está en el programa de ese niño, forma parte del karma de los padres; de hecho, el contrato fue algo acordado entre los padres y el hijo antes de nacer en este mundo. Pero cuán doloroso, cuán difícil y cuánto sufrimiento para esos padres el resto de su vida.

Ayer estuve viendo un vídeo que me encantó sobre la experiencia real de unos padres que tenían dos niñas y un niño, todos pequeños, que en un accidente de tráfico fueron aplastados por un camión cuando viajaban en la parte de atrás del coche. La madre sobrevivió y los padres tuvieron que vivir ese dolor increíble, incomprensible. Pero ocurrió un milagro muy grande: al cabo de pocos años la madre se quedó embarazada de trillizos, dos niñas y un niño, que nacieron sanos y con un parecido increíble a los tres hijos que habían fallecido. Lo más sorprendente fue que nacieron el mismo día en que habían muerto los otros tres hijos. O sea, que a mí se me ponían los pelos de punta mientras miraba al cielo como diciendo: «los milagros existen, eso no puede ser casualidad».

Ese tipo de cosas inimaginables pasan, y aquel milagro trajo consuelo al alma, la mente y el corazón de esos padres que tanto habían sufrido por la muerte de sus tres hijos.

Mi hermano Stephen perdió a su esposa debido a un cáncer. Se quedó viudo con cuatro hijos a su cargo. Dos mellizos preadolescentes, una niña pequeña, y una adolescente se quedaron de repente sin madre. Stephen tenía que trabajar duro para pagar una hipoteca y sacar adelante a tres niñas y un varón. Él no creía en absoluto en la vida después de la muerte, no creía en nada relacionado con karmas o reencarnación. De hecho, para él yo era una total loca en la familia y no estaba abierto a escuchar ningún tipo de consuelo por mi parte en relación con mis teorías. Así que, tuve que permitirle vivir su duelo.

En esos días, Stephen dormía con la niña pequeña para consolarla. Cada mañana al despertar sentía un beso en la mejilla, y pensaba que se lo daba su hija pequeña. Hasta que una mañana, pocos días después de la muerte de su esposa, sintió ese beso tan físicamente que se giró y vio que la niña estaba mirando hacia el lado contrario y que estaba dormida, y le preguntó: «Oye, ¿tú acabas de darme un beso?». Ella, todavía medio dormida, contestó: «No, papá estoy dormida». Y él *a posteriori*, llamó a nuestra hermana y le preguntó: «¿Será verdad lo que dice Suzanne? ¿Crees que Jacqueline pueda estar todavía por aquí?».

Él me había pedido que no interviniese con Jacqueline, que si ella se había muerto y se quedaba por ahí, pues que tendría que continuar por su casa como fantasma. Finalmente se abrió a escucharme y le expliqué: «Si no ayudo a Jacqueline a marcharse, vais a seguir llorando y sufriendo su pérdida y no vais a poder continuar con normalidad vuestra vida familiar; lo ideal sería que tú pudieras rehacer la tuya y darles la oportunidad a tus hijos, sobre todo a los más pequeños, de tener a alguien que sustituya a la madre que han perdido. —Y añadí—: Si tú quieres, yo ayudo a Jacqueline a marcharse en paz y así no tienes que estar sintiendo su presencia por casa tal como se está manifestando, porque lo que ella querrá es que tú puedas continuar con tu vida y vuestros hijos también». Por fin, mi hermano me dijo: «Bueno, pues haz lo que tengas que hacer».

Milagrosamente, después de tres días dejó de sentir su presencia y sus besos por la mañana; los niños rápidamente recuperaron la alegría y, en cuestión de seis meses, mi hermano ya estaba programando un futuro matrimonio con una mujer que conoció gracias a mi hermana y que, hoy por hoy, es su esposa y la mujer que ama y adora a mis sobrinos como si fuera su propia madre. Afortunadamente, Jacqueline pudo progresar a la nueva experiencia que había elegido en su programa, pues había decidido ceder ese puesto, ese rol de madre, a otra mujer que no había podido serlo en esta vida debido a sus circunstancias. Así que mi hermano es plenamente feliz, sus hijos también, y todos tienen una nueva vida por delante para disfrutar en conjunto.

Tuve un gran amigo llamado Javi, Javier. Hace unos años lo conocí en la consulta cuando le quedaba un mes de vida por un cáncer de pulmón. Venía buscando mi ayuda, orientación, sugerencias sobre cómo llevar este proceso de la muerte y a ver si había una chispa de esperanza de salir adelante a pesar de un mal pronóstico según los médicos. Le hice el *reset*, aprendió el curso zen, empezó a mejorar considerablemente, ganó en calidad de vida, ya no veía la muerte como algo inminente, pudo hacer el viaje de sus sueños al Tíbet, ir al Himalaya... También viajó con su hija a lugares exóticos, compartió tiempo de calidad con ella, y su vida fue extendiéndose más allá del más remoto de sus sueños.

Tuvimos una amistad maravillosa, con mucha complicidad. Pasamos horas y horas hablando, y también quiso aprender otras experiencias espirituales. Aprendió *reiki* y se interesó por el budismo; le encantaba ponerse a meditar como los monjes. Y lo que nunca, nunca, le faltó a Javier fue el sentido del humor. Incluso en sus peores momentos nos hacía reír a carcajadas; siempre decía que él no tenía un tumor cancerígeno sino un humor cancerígeno. Eso hacía muy, muy grande a Javi.

Él siempre se burlaba de mí y de mis historias relacionadas con Richard Gere. Me encantaría compartir una anécdota: un alumno zen me había regalado un montaje de *photoshop* en el que aparecíamos Richard Gere y yo juntos en una escena que parecía Hawái. Él tenía delante un bol de fruta exótica y me contemplaba mientras yo parecía que le decía con la mirada: «Ya puedes mirarme y contemplarme, Richard, aquí estoy, toda tuya». Ese cuadro me encantaba, lo tenía enmarcado en la pared al fondo del salón, justo encima de un radiador, y cuando Javi venía a casa siempre bromeaba y decía: «Mírale, mírale a Richard Gere... ¿No ves que no tiene nada que ver con esa imagen en la foto? Ahora está viejo. Está gordo. Está arrugado. Ya no tiene el *sex appeal* que tenía antes. ¿No me ves a mí? Yo soy mejor que Richard Gere, y a mí no me haces ni caso. ¿Has visto? Le haces caso a ese señor mucho mayor que tú y yo estoy tan estupendo».

Javi en aquel entonces estaba pasando por sus innumerables sesiones de quimioterapia y, cuanto mejor estaba, más quimio le metían, y más fuerte, porque parecía que lo soportaba cada vez mejor y los médicos le decían: «Te hacemos inmunoterapia y te hacemos quimioterapia, porque parece que las estás soportando superbién». Claro que, a la vez, también le estaba haciendo lo que yo llamo los *toques zen*, lo que se aprende en el curso; él estaba meditando y feliz, con lo cual estaba más fuerte, pero también olía mucho a la quimio y tenía sus momentos de debilidad y sufría los efectos adversos de su tratamiento convencional. A pesar de todo, el humor no desaparecía y me hacía siempre la bromita de que mi Richard Gere era él y no ese señor de la foto.

Cuando finalmente, años más tarde, le llegó su momento, supo que su tiempo en su programa ya se estaba terminando y, a partir de todo lo que había aprendido del mundo espiritual, su mayor deseo era tener una muerte consciente. Había pedido que cuando llegase su momento final lo llevasen a cuidados paliativos (que se encontraba en la planta baja del hospital en el que estaba) para que le fuesen controlando el dolor y que, sobre todo, no le subiesen a la quinta planta, porque sabía que, si ingresaba ahí, le iban a poner bajo sedación y ya no podría vivir su experiencia de muerte consciente

Una madrugada, su hermano me comunicó que Javi ya estaba muy mal y que lo iban a ingresar. Al día siguiente, me dio la noticia de que finalmente había fallecido por la mañana. Pregunté cómo había sido su muerte, y me contó que cuando lo subían en el ascensor, se había puesto furioso mientras iba mirando las luces de las plantas que iba subiendo; insistió en que no lo llevasen a la quinta y tuvo una especie de ataque de ansiedad. Pero no le hicieron caso; lo llevaron a la quinta planta y no tuvo la muerte que quería. Entonces yo le comenté a su hermano: «Voy a meditar para ver dónde está».

Antes de meditar decidí mandarle a Javier, simplemente a nivel simbólico, mi último *Whatsapp*. Escribí: «Buen viaje, ya sabes que te quiero mucho, que es un hasta luego. Tú ya sabes cuál es tu destino, no tengas miedo, y si necesitas comunicarme algo, ya sabes que soy un canal abierto para escucharte y atenderte». Tras mandarle el mensaje fui a mi habitación, me puse a meditar, y lo primero que se me abrió delante de mi tercer ojo fue la respuesta de Javier en mi móvil, y la respuesta por *Whatsapp* en mi meditación. Oigo una voz, la voz de Javi, que simplemente dice: «Dile a mi médico que es un hijo de ****, ¿vale?».

Salgo de la meditación y voy al salón donde estaba mi hija y le digo: «Creo que Javier está muy enfadado». En ese momento, delante de nuestros ojos el cuadro de Richard Gere que estaba colgado en la pared, se soltó, se giró en el aire y cayó detrás del radiador. Mi hija, asombrada, se da la vuelta y dice: «Creo que tienes razón». En ese momento no salía de mi asombro. Me acerco y agarro el cuadro; el marco estaba abollado y el cristal se había roto, así que recogí las piezas de cristal, junté el marco como pude, lo puse entre dos álbumes de fotos que estaban colocados de forma vertical en la estantería, y dije: «Voy a guardarlo ahí de momento. Voy a comprar un marco nuevo para la foto». Pero hace años que Javi se fue y, hasta el día de hoy, nunca más han aparecido el cuadro ni el marco roto. Hemos tenido dos mudanzas desde entonces y no los hemos encontrado en ningún momento.

Javier, desde el más allá me transmitió ese mensaje que luego yo tuve que transmitir a su familia. Ellos me confirmaron el auténtico porqué del enfado de Javier con su médico. Habían hecho un trato que luego no se cumplió, y Javier una vez en el otro lado pudo ver que las cosas no siempre son como nos quieren hacer ver, y se dio cuenta de que ahí había habido un engaño. Yo le pedí a su familia, por la propia paz de Javier, que hablaran con ese médico e intentaran hacerlo rectificar para que se pudiera cumplir su deseo. Ellos me tenían mucho cariño y un respeto enorme por todo lo que había compartido con Javier, y yo quería su paz y la paz de Javier también.

Él, cómo era alumno zen, me había prometido que en este mundo o «en el otro barrio», como él decía, en el próximo curso que diera en Madrid iba a estar en el escenario conmigo, ya fuese físicamente, como hicimos la otra vez, años atrás, o ya fuese en espíritu.

Tiempo después, yo ya me había olvidado de todo lo que habíamos compartido, hasta que finalmente hice el curso zen en Madrid y tuve la sorpresa y la alegría de sentir su presencia en el escenario en el momento en que, por algún motivo, salió una lección que tenía que ver con lo que había vivido con él y dije: «Recuerdo el caso de un gran amigo que se llama Javi»... En ese momento me invadió una gran emoción, miré atrás y le hablé telepáticamente: «¡Es verdad, Javi, que me dijiste que estarías en el escenario conmigo! Pues ahora ya estás de ayudante. Ese era tu sueño, convertirte en un colaborador de nuestro equipo, en este plano o a nivel espiritual».

Esta es una de esas historias que te marcan y que demuestran que sí, que más allá de la muerte sí hay algo más. Evolucionamos en vida y seguimos evolucionando a partir de la muerte. De hecho, en nuestra enseñanza, los que trabajamos con cien por cien de capacidad, ayudamos a las personas fallecidas a seguir progresando en su evolución más allá de la muerte, y cuando hacemos los cursos muchos de los alumnos, la gran mayoría, traen consigo sin saberlo a muchos de sus familiares, amigos y otra gente que los acompaña, porque saben que aprender nuestra enseñanza les sirve en su dimensión para ir ayudando a otros a evolucionar y salir de su rueda kármica. Es una manera de seguir evolucionando, dado que es una enseñanza cósmica y no solo terrenal.

¿Qué esperas cuando te mueras? ¿Quieres volver aquí? ¿Quieres tomar vacaciones y descansar?

¿Quieres sentarte al lado de tu dios? ¿Quieres pagar muchos karmas? ¿Dónde? ¿Quieres volver al planeta Tierra o eliges ir a otro planeta, otro sistema solar, otro universo? ¿Quieres quedarte con un alma gemela? ¿Eliges ser madre o padre? ¿Eliges ser un voluntario que venga al planeta para contribuir a la evolución de la especie?

Tú eliges, nadie impone. Pero tienes que cualificarte, tiene que saldar tus cuentas kármicas, y para morir en paz hay que vivir en paz. ¿Cómo vas a conseguir esa paz si piensas que no te dejan vivir en paz? En el libro *Atrévete a ser tu maestro*, explico, a través de mis propias experiencias, anécdotas y vivencias, cómo he encontrado mi propia fórmula para sobrevivir a los desafíos en la vida de la mejor manera posible sin la necesidad de sufrir tanto. Aun así, a veces me sentía sola y abandonada, pero esas circunstancias se disolvían siempre, y al final todo salía bien. Quizás no siempre como yo esperaba y a veces con un resultado mucho mejor, más allá de mis expectativas. Pase lo que pase, lo diseñaste tú, porque está en tu programa. Si eres capaz de imaginar algo, significa que esa posibilidad ya está en tu programa.

Una de las frases que más repito es: *Las circunstancias no son importantes, sino lo que tú eres en ellas*; por eso las mismas circunstancias con diferentes diseños se presentan una y otra vez hasta que aprendes a superar la prueba. Entonces, de repente, las circunstancias desaparecen, y dices: «¡Cómo no lo veía antes!». No lo veías porque no estabas con la conciencia correcta, o porque estabas viviendo la experiencia desde el victimismo, el pobre de mí, sintiéndote con tan poco poder, tan poca capacidad, tan pocas fuerzas para superar dicha prueba. A veces, sabiendo que las cosas solo pueden ir a peor, te permites hundirte hasta que finalmente no te queda otra que levantarte y decir «hasta aquí», para luego descubrir tu gran poder, que antes no veías.

Así que lo más importante es la aceptación. Tu creación, tus pruebas, tus desafíos, tus aprendizajes, todo está creado por ti. Cuando aceptas una prueba, ya has superado la mitad. Para poder salir de una situación conflictiva, hay que conseguir la paz mental porque no se pueden tomar decisiones con la mente ofuscada. *Mea culpa*; no es culpa de nadie más, es mi creación. Yo me metí aquí y yo me tengo que sacar de aquí. Humildad. Humildad para reconocer tus errores y para poder humildemente pedir ayuda cuando te hace falta. No te culpes, no te critiques y menos todavía eches la culpa fuera. Acéptate, perdónate y luego ten la claridad mental que te permitirá buscar soluciones para tu vida.

Por cada problema que tienes hay un mínimo de diez soluciones. Solo hay que abrir la mente y los ojos para poder ver lo que tienes que ver. Pedir las señales y saberlas ver. Liberarte de tus propias limitaciones mentales y de tus creencias autoimpuestas. Nadie te puede manipular si no le das permiso.

Realmente, es más cuestión de desaprender que no de aprender algo nuevo. Una vez que ya hayas desaprendido el camino andado, te vacías y lo empiezas a llenar con lo que tú quieres para luego explorar más allá, dentro de ti, para proyectar ahí fuera, en tu escenario de la vida, lo que realmente quieres vivir, explorar y compartir con otros seres humanos.

Meditar. Respirar con conciencia como enseñamos en los cursos zen. Dejar a los demás cometer sus errores y vivir su vida, pero siempre estar con el corazón abierto, las manos abiertas y la mente abierta para ayudar cuando te pidan ayuda. No debes imponer tus conocimientos ni tu sabiduría sobre esas personas quizás de mente cerrada, que no pueden entender ni aceptar lo que tú quieres transmitir porque no es su momento. Y cuando hay un gran ego por delante están aún más ciegos y más sordos, pero tienen la boca más grande. Van a pelear, van a discutir tus argumentos y van a querer tener la razón. La mejor solución es retirarte y simplemente darles la razón. No debes perder energía intentando convencer a otros de tu verdad.

Ganas más y aprendes más observando en silencio que no aleccionando a los demás. Hay que recordar que si tú estás en un nivel de conciencia, tienes que respetar el nivel de conciencia de los demás. Que no todo el mundo va a pensar como tú ni va a estar en tu nivel. Recuerda que también tú estuviste antes en ese nivel de conciencia. También estabas perdido. Tú también estabas ansiando saber el porqué de las cosas. Tú también estabas en el lugar donde ellos quizás se encuentran ahora. Pero debes ser humilde porque siempre hay alguien que sabe mucho más que tú. Abre tu mente a recibir más.

En este mundo la mente es nuestro peor enemigo porque cree y piensa que sabe. Donde más sabiduría guardas es en la sede de tu alma, que es tu supermemoria. Ahí es donde está el recuerdo de los ochocientos millones de vidas que has vivido para ser quien eres ahora mismo en este momento, tiempo y espacio, donde estamos todos, cooperando en la transición de este planeta, en este gran momento del cambio y evolución de la humanidad.

¿Quieres saber más? Ve adentro, dentro, adentro de ti. Apaga tu mente. Silénciate a nivel mental, tómate el tiempo que necesites. Hazlo preferiblemente en la naturaleza escuchando el crujido de las ramitas de los árboles y de las hojas secas al pisarlas, siente el frescor de la hierba y el pasto bajo tus pies. Es una técnica llamada *earthing*, que nos conecta con la Madre Tierra. Ponte al lado de una cascada, donde acumulas iones negativos, que son los buenos. Es ahí donde encontramos esa frescura, esa paz, mientras que al mismo tiempo nos estamos recargando energéticamente.

Aléjate de la tecnología, limítate su uso y vive en el mundo real. Ten contacto físico, cuando te comuniques con alguien míralo directamente a los ojos. Expresa lo que sientes realmente, no te quedes con ello. Ten valor para decir lo que tu alma grita.

Escucha el llanto de un bebé. Observa su mirada, la pureza y la inocencia de esa criatura que hace poquito ha estado en esa fuente de la que venimos todos. Su mente todavía no se ha contaminado con la programación que nos ha impuesto el sistema desde que hemos salido de casa. Observa cómo se comunica telepáticamente, observa cómo mueve su boca cuando pronuncia palabras inentendibles y cómo mira alrededor de tu cabeza, alrededor de tu cuerpo, porque está viendo a tu guía o a tu ángel de la guarda. El bebé ya sabe.

Comparte tus dones y talentos sin ambición, sin la necesidad de aprobación, simplemente por el puro placer de provocar alegría en los que desean escucharte y verte. Todos nacemos con ese don especial que nos hace únicos. Alégrate por los éxitos de los demás, deséales lo mejor, lo que tú desearías para ti deséalo para los que están en tu día a día. Nada es casual.

Cuando comprendas la vida y cómo funcionan tu programa y el karma, cuando entiendas lo que es la evolución colectiva hacia el despertar, cuando sientas que realmente solo somos los miembros de una gran familia que se buscan los unos a los otros, y cuando sientas ese amor, esa unión, es cuando brotará nuestra fuerza y el miedo se disipará. Con esa fuerza que nos une ya no puede haber guerras, luchas de poder, división. A partir de ese momento cuando nos unamos veremos cómo se eleva la conciencia de la humanidad y toda esta gran obra de teatro llegará a su fin. Y nos aplaudiremos desde el amor diciendo: «Lo conseguimos, cuán difícil fue el camino, pero ya llegamos por fin».

Montaremos una gran fiesta universal con nuestros hermanos cósmicos, con todas las razas unidas, celebrando la evolución del planeta dentro del sistema solar. Y ese será nuestro momento de gloria, y miraremos atrás y desde el futuro estaremos viendo el paso de la película en la gran pantalla, observándonos en este momento presente. El aquí y el ahora no es más que esa ilusión del tiempo que no existe, igual que cuando yo me observaba con mis veintiséis años desde mis actuales cincuenta y seis, sabiendo que la Suzanne de los ochenta y seis años estaba viéndome a su vez a mí desde el futuro, viendo la película de mi vida desde el futuro, mi futuro, pero su presente, y diciendo: «Ya llegarás, ya llegarás, ánimo, todo va bien».

Pues así estamos todos, viendo esto y viviéndolo, y sintiendo cada momento como si fuese real, con el sufrimiento, el dolor y las alegrías y la gran preocupación del qué será de nosotros si esto pasa. Cocreando juntos, sacando fuerzas de donde casi sentimos que no existían. Pero dentro de nosotros está la semilla de la chispa de la esperanza de que todo esto puede cambiar, no tiene por qué ser como nos lo estamos imaginando porque no concebimos que todo esto se eche a perder. Es inconcebible en nuestra mente, es inconcebible en nuestra alma y en nuestro corazón como humanidad.

Ahora sí queremos estar juntos. Queremos libertad. Queremos salir. Queremos gozar. Queremos un futuro para nuestros hijos, para nuestros nietos. Queremos dejar un mundo mejor cuando nos marchemos, para que ellos sean los herederos del planeta y de la humanidad como raza que dejamos mejorada; gracias a nuestra existencia aquí, podemos construir un paraíso en la Tierra.

Hecho está.

EL COLOR

VERDE el color de la esperanza
Lo que todo ser humano tiene
es esperanza
Esperanza en que todo vaya bien
Esperanza por un mundo mejor
Esperanza de tener un techo
Ese techo de tela, piedra o el cielo
Ese marco para el lienzo en blanco
que uno pinta con esperanza o miedo
Ese techo bajo el que tú decides,
creas, respiras, sientes
y sabes que eso es vida
Ese techo en el que el tiempo pasa
y el lienzo se pinta.
Ese techo que da calor y nunca frío
Calor, eso es la esperanza
Verde es el color del bosque
El olor de la sabana
El tacto de un ramo de flores de quien te ama

El verde no entiende de edad ni raza
Es verde, verde esperanza
Verde es vida, ese tallo, esa hoja
Ese campo, esa casa
Porque la vida es tu hogar, no la Tierra
Verde es el color del mapa donde
la Tierra se separa.
Porque eso es lo que hacen los humanos,
separan
El verde no es solo verde, forma parte de un conjunto
Porque la vida es cero y no uno más uno
El verde, color de la riqueza
Riqueza de tiempo, de vida
Porque ser rico es abundancia de tiempo
Tiempo para escuchar el silencio
Tiempo para pensar
Tiempo para ese abrazo
Tiempo – es todo lo que uno necesita
Tiempo para ser feliz
Tiempo para aprender de la tristeza
Tiempo para ser fuerte
Porque sin tiempo nada es posible
¿Qué más necesitas?
Poseerlo te enriquece
El tiempo… ¿quién lo valora?
Es algo que simplemente pasa

El tiempo que de repente se vuelve escaso
Porque solo quien se encuentra con la muerte
encuentra el tiempo
Los recuerdos y el saber
de lo que realmente importa
Es darte permiso
Dar permiso a los abrazos
Darse permiso a sonreír
Darse permiso a dar y recibir amor
Dar permiso a esas palabras que
siempre quisiste decirle pero nunca
encontrabas el momento
Darse permiso a ser feliz
La vida sirve para darse permiso
Es cero y no uno más uno
Es riqueza
Es un lienzo en blanco
Es tiempo
Un techo
Es calor
Es esperanza
Es verde
Y al igual que el verde cada color
es tu lente en la vida y en la muerte

JOANNA POWELL — 10 mayo 2020